심플 퀘스천

SIMPLE QUESTION

해결할 목표를 아는 조직을 만드는 2A4 문제해결의 기술

심플 퀘스천

심재우 지음

BOOK∧ER

일류 프로세스가
일류 기업을 만든다

| 인생과 경영은 모두 문제해결의 연속 |

"삶은 문제해결의 연속이다." 비판적 합리주의자 칼 포퍼의 말이다. 인간의 삶과 기업(조직)의 경영은 본질적으로 다름이 없다. 따라서 "경영은 문제해결의 연속"이라고 할 수 있다.

역사학자 아놀드 토인비는 "인류의 역사는 도전과 응전의 역사이다."라고 말했다. 도전은 문제의 발생(도전 목표의 설정)이고 응전은 문제해결의 노력이다. 그러므로 "인류의 역사는 문제해결의 연속이다."라고 할 수 있다.

최고의 성과를 내는 조직은 어떤 조직일까? 문제해결을 가장 잘하는 조직일 것이다. 발생한 문제를 가장 효과적, 효율적으로 해결해서 다시는 재발하지 않도록 대책을 강구하고, 새로운 문제가 발생하

4

지 않도록 예방하는 것뿐만 아니라 미래의 변화를 예측해서 도전적 목표를 설정하고 달성해 가는 과정에서 일어날 문제(과제)를 슬기롭게 해결해나가는 조직이 최고의 조직이라고 할 수 있다.

문제해결을 가장 잘하는 성공요체는 무엇일까? 리더의 리더십, 조직원들의 역량과 자질 그리고 문제해결의 방법(프로세스)과 조직원들의 창의력과 열정, 도전 정신을 살리는 조직문화일 것이다.

대부분 리더십과 조직원의 역량을 변화시키기 위해서는 다양한 노력을 기울이지만 가장 효과적으로 빠르게 성과를 올릴 수 있는 문제해결 방법과 조직문화에 대해서는 관심이 적다. 관심이 적다는 것은 중요성 심각성 시급성에 대한 인식의 수준이 낮다는 뜻이다.

두 사람의 목숨을 건 싸움을 생각해보면 자명하다. 신체 조건을 변화시키는 것은 단기간에 가능한 일이 아니다. 더 좋은 무기를 구하는

것이 가장 효과적이다. 그리고 같은 무기를 들어도 정신력이 승패를
가름할 것이다. 무기는 문제해결 방법이고 조직의 정신력은 조직문
화로 결정된다. 최고경영자의 문제해결 방법에 대한 관점이 바뀌어
야 조직이 산다.

| "삼성에서는 배울 것이 없다"는 말에 받은 충격 |

20세기 말 최고의 문제해결 방법은 GE의 잭 웰치 회장이 주도한 워
크아웃 타운미팅과 6시그마 경영품질혁신이었다. 한국에서도 많은
기업들이 도입하였으나 실효를 거둔 곳은 찾기 어렵다. 도요타 생산
시스템TPS과 정리, 정돈, 청소, 청결, 바른 자세를 내세운 5S운동은 제
조왕국 일본을 만든 최고의 문제해결 방법으로 세계로 확산되었으나
한국의 산업 현장 특히 중소기업에서는 초보 단계를 벗어나지 못하

고 있다.

2010년 GE 임원 40여 명이 '한국 기업 배우기' 일환으로 삼성을 방문했다. 그들의 반응은 '특별히 배울 것이 없다'는 것이었다.

삼성 이병철 회장의 경영 이념에 합리 추구가 있다. 일하는 방법, 문제해결 방법에 깊은 관심을 가지고 스스로 세계의 Best Practice를 찾고 선진 문제해결 방법을 도입하는 노력을 지속하여 조직문화로 뿌리내렸다. 삼성은 최고의 방법을 가장 먼저 도입하고 이를 삼성적 조직문화로 내재화 하는 노력을 지속해 왔다. 대표적인 사례가 도요타 생산 방식을 배우기 위해 10년에 한 번씩 3번에 걸쳐 연수단을 파견한 것이다. GE 임원들의 관점에서 보면 다 아는 내용들이고 특별한 것이 없지만 삼성의 조직문화 속에 녹아 들어 융합되고 재창조되어 성과 창출로 이어져 초일류기업으로 발전한 것이다. 최고경영자의 문제해결에 대한 관심이 초 격차를 만든 것이다.

저자인 심재우 대표는 GE 내부에서 워크아웃 타운미팅을 이끌었고 여러 기업에 전파하면서 다양한 경험을 축적해 왔다. 왜 한국에서는 도입한 문제해결 방법들이 조직문화로 정착하고 성과로 이어지기 힘들까? 왜 한국에서는 세계적인 방법론이 태어나지 못하는가? 이러한 문제의식을 바탕으로 질문에 미숙한 한국인을 위하여 '맘스퀘스천'을 개발하고 한국 문화에 맞는 열린 토론(회의) 방법론을 연구하고 확산하는 노력을 지속하고 있다.

심재우 대표의 오랜 시간 깊은 고뇌와 연구를 통해 탄생한 문제해결 방법이 바로 '2A4 기법'이다. 한국 리더들의 특성과 조직문화의 차이를 뛰어넘을 수 있는 탁월한 방법론이라고 생각한다.

제4차 산업혁명의 거대한 메가트렌드와 코로나19로 일어나고 있는 변화의 소용돌이를 지혜롭게 극복하고 "그럼에도 불구하고 또 하나의 기적"을 이루고자 하는 최고경영자들은 물론 다양한 조직의 리더들 그리고 창업을 꿈꾸는 젊은이들에게 필독을 권하고 싶다.

　삶도 경영도 문제해결의 연속이다. 최고의 문제해결 방법을 갖추면 최고의 기업(조직)으로 발전할 수 있다. 개개인의 삶이 변화하고 모든 기업(조직)이 변화하여 행복시대 21세기의 꿈을 이루기 바라는 마음 간절하다.

2021년 1월

손 욱 (사)참행복나눔운동 공동대표,
전)삼성종합기술원 원장, 전)농심 회장

오늘날 조직이
직면하는 위험들

| 경제·기술·환경… 모든 것이 변했다 |

개인이나 조직이나 매 순간 문제를 만나고, 문제를 만나면 문제를 슬기롭게 해결해야 한다. 문제를 해결한다는 것은 문제를 해결하기 위한 여러 가지 해법 중에서 하나를 선택하여 실행하는 것이다. 따라서 문제해결이란 올바른 선택을 하는 것이다. 어떤 선택을 하느냐에 따라 문제해결의 결과도 완전히 달라진다. 좋은 선택을 하면 좋은 결과로 이어질 것이고, 나쁜 선택을 하면 반대로 될 것이다.

  그러면 우리들은 어떤 문제들을 만날까? 예를 들어 경제적 문제, 정치적 문제, 법적 문제, 기술적 문제, 사회적 문제, 제도적 문제, 인적 문제 등 매우 다양하다. 우리들이 만나는 문제의 종류나 대상은 서로 다르겠지만, 해결해 나가는 방법에는 유사한 절차나 도구들이 사용된다. 기업이나 조직에서 문제해결을 하는 가장 빠르고 효과적인 방법은 회의를 진행하는 것이다. 따라서 문제해결과 회의는 불가분의 관계다. 그런데 우리들의 회의 방식과 현실은 어떠한가?

사회생활과 개인생활 모두 남들과 함께 어울려 살아가야 한다. 혼자 하는 것보다 함께했을 때 더 좋은 결과를 가져다준다. 하지만 여기에는 조건이 있다. 함께 잘 어울리지 못하고 불협화음이 일거나 일방적인 소통만 있다면, 서로 간의 불화와 갈등으로 인해 오히려 혼자 하는 것만 못하게 된다. 과거에도 그랬지만 조직에서는 매일 수많은 문제가 발생하고 이를 해결하기 위한 회의가 열린다. 문제해결 회의는 다양한 이해관계자들이 한자리에 모여 공통의 주제나 이슈를 깊이 있게 다루고 토론하여 최선의 실행 방안을 찾아야 한다. 그런데 이런 목표를 쉽게 달성하지 못하는 게 현실이다. 기업에서는 회의를 효과적으로 진행하는 방법에 대한 교육을 매년 주기적으로 실시하지만, 좀처럼 나아지지 않는다. 회의의 진행 목적은 다양하지만, 대개는 회사나 조직이 직면한 문제들에 대해 이해관계자들이 한자리에 모여 의견을 나누고 아이디어를 모아서 최적의 해결책을 찾아 실행하여 문제를 제거하거나 해결하는 것이다. 따라서 효과적이고 성과 지향적인 회의를 하려면 자신들에게 가장 적합하고 효과적인 문제해결 방법이나 프로세스를 마련하여 활용해야 한다.

2017년 2월에 대한상공회의소에서 국내 기업들의 회의문화를 분석한 보고서를 발표했는데, 회의에서 중요한 세 가지 요소인 '효율성, 소통, 성과' 부문에서 각각 38점, 44점, 51점을 받아 낙제 수준인 것으로 평가했다. 또한 회사에서 진행되는 회의는 주당 평균 3.7회인데, 절반은 굳이 하지 않아도 되는 불필요한 회의인 것으로 나타났다. 회의가 진행되는 시간은 평균 51분인데, 참석자의 3분의 1은 '답이나 주제, 논점'에서 벗어난 소통으로 시간을 허비하고 있었다. 그로 인해 회의를 주재하는 리더가 이미 답을 정해 놓고, 참가자들에게 공지하거나 결정된 답대로 따르도록 하는 것이 문제로 드러났다.

이와 같이 열린 소통을 위한 회의가 오히려 일방적인 지시나 불통의 회의로 전락했는데, 이것을 극복하지 못한다면 국내 기업들의 회의문화나 성과는 아무것도 달라지지 않고 공회전만 계속될 것이다. 회의에 악영향을 주는 네 가지 근본적인 이유는 다음과 같다.

① 비합리적인 회의 진행 프로세스

② 전근대적인 회의 리더의 리더십

③ 참가자들의 수동적이고 방관자적인 펠로십*fellowships*

④ 열린 토론에 미숙한 소통 능력과 회의문화

사내에서 진행되는 회의에 대한 직원들의 만족도를 분석한 결과, 100점 만점에 평균 45점이었는데, 직위나 직급이 낮을수록 만족도는 더 낮았다.

사람은 누구나 주변 사람들과 소통하며 살아야 하고, 함께 협력해야 한다. 그렇지 않으면 함께 도태되거나 경쟁에서 질 수밖에 없다. 회의야말로 여러 명의 참가자들이 열린 소통을 통해 협력하여 다양한 생각이나 관점을 공유하고 문제해결을 위해서 더 나은 결과물을 만드는 과정이다.

우리 몸의 혈액을 생각해 보자. 건강하게 생명을 유지하려면 혈액이 잘 순환되어야 한다. 그래야 산소와 영양이 공급되고, 노폐물이 제거된다. 혈액순환에 문제가 생기면, 건강에 문제가 발생하고 병이 든다. 우리가 생활하는 주변을 생각해 보자. 사회와 조직, 가정이 직면하는 문제들을 잘 해결하여 건강하고 활력을 유지하려면 무엇보다 의사소통이 잘되어야 한다. 이것을 통해 좋은 아이디어와 해결책이 나오고, 창의적인 방법이 공급되며, 문제나 장애물이 제거된다. 혈액 순환이 잘 유지되려면 방법과 기술을 알아야 한다. 좋은 생활과 식습관을 갖고, 자신에게 적합한 규칙적인 운동을 하고, 긍정적인 마음을 가져야 한다. 마찬가지로 효과적인 문제해결을 위한 의사소통이 잘 유지되려면 양방향 소통의 기술과 방법을 배우고 익혀야 한다. 열린 커뮤니케이션은, 자신의 의견이나 생각을 아무런 장애 없이 명확하고 설득력 있게 전달하는 동시에 상대방의 말을 경청함으로써 더 나은 아이디어나 해결 방안이 만들어지는 환경과 조건, 체계적이고 강력한 방법이나 프로세스, 누구든지 쉽게 이해하고 활용할 수 있는 문제해결 도구들이 마련될 때 가능해진다.

| 픽사 사례: 과거의 결정이 미래에 끼친 영향 |

우리들은 일상에서든 비즈니스에서든 항상 새로운 문제를 만난다. 문

제란 아직 해결되지 못한 숙제와 같은 것이다. 물론 문제를 만난다고 해서 모든 문제를 반드시 해결해야 하는 건 아니다. 어떤 문제는 확실히 해결해야 하지만, 어떤 문제는 무시하거나 뒤로 미루기도 하는데, 전적으로 문제를 가진 당사자의 개인적인 선택에 영향을 받는다.

개인적인 문제 외에, 조직이나 회사에서도 매일 수없이 많은 문제에 직면한다. 이런 문제들도 적극적으로 해결하거나, 무시하거나, 뒤로 미루거나 한다. 그런데 조직이나 회사에서는 이런 결정을 누가 할까? 조직의 CEO나 리더 또는 문제에 연관된 가장 중요한 이해관계자('Problem Owner'라 부른다)들이 문제를 어떻게 다루고 해결할 것인지 결정한다.

사람들은 문제라고 하면 골치 아파 하거나 피하려 하는 게 보통이다. 그래서 부모는 아이들에게, 회사의 상사는 부하직원들에게 자꾸 골치 아픈 문제를 만들지 말고 조용히 있으라고 명령한다. 문제에 대해 이런 시각과 반응을 보이는 이유는 문제의 정의를 정확히 알지 못하기 때문이다.

우리들은 지금까지 살면서 학교에서도 가정에서도 문제의 정확한 정의와 개념을 제대로 배우지 못했고, 그로 인해 문제는 부정적이고 피해야 할 것이라는 의식이 잠재되어 있는 게 사실이다. 그래서 자꾸 이런저런 문제를 일으키고 만드는 사람을 멀리하는 반면 아무런 문제를 야기하지 않는 사람을 칭찬하고 선호했다. 예를 들어 문제를 일으키지 않고 조용히 있는 사람을 얌전하다고 하는데 동양의 유교적 사고방식에서는 이것을 높이 평가하지만 현대화된 지금이나 4차산업혁명 기술이 지배하는 미래에는 결코 바람직하지 못한 태도다.

인간이나 조직이나 항상 새로운 문제를 만나고 이것을 회피할지 아니면 정면으로 맞서 해결하고 돌파할지 결정해야 한다. 모든 문제들을 다 해결하기도 어렵지만, 반대로 모든 문제들을 회피하는 것도 불가능하다. 따라서 문제들 중에서 회피할 것과 해결할 것을 취사선택해야 한다. 사실 문제를 회피하는 것도 문제해결 방법 중 하나에 해당된다. 그래서 문제해결을 어떻게 하느냐에 따라 개인이나 조직의 미래와 운명이 달라진다.

우리에게 잘 알려진 개인이나 회사 중에, 억만장자가 됐거나 세계 초일류기업으로 거듭난 회사들이 있다. 애플을 이끌던 스티브잡스는 펩시콜라의 회장이었던 존 스컬리를 삼고초려 하여 애플 회장으로 영입했다. 그리고 자신이 데려온 스컬리에 의해 애플에서 쫓겨났다.

재야에 묻혀 지내던 잡스는 1985년 애플의 뒤를 이을 차세대 컴퓨터를 개발하겠다는 야심 찬 목표로 넥스트*NeXT*를 창업했다. 4년간 연구 개발을 진행하여 마침내 1989년 한 달에 1만 대를 생산할 수 있는 시설을 갖춘 공장까지 준비하여 출시했지만, 고작 400대 판매에 그쳐 회사는 적자에 시달렸다. 회사의 미래는 보이지 않았고 암울했다. 잡스가 가진 돈도 거의 바닥이 날 지경이었다. 이때 스타워즈로 명감독이 된 조지 루카스가 자신이 갖고 있던 작은 규모의 회사 하나를 매물로 내놨다. 이 회사는 컴퓨터 그래픽으로 영화를 만드는 애니메이션 영화 제작사였다. 당시 애니메이션 영화는 태동하는 단계였고, 디즈니에서 TV용으로 제작하는 수준이었다. 그 회사가 〈토이스토리〉, 〈니모를 찾아서〉, 〈카〉, 〈라따뚜이〉 등을 만든 픽사였다. 잡스는 넥스트의 고성능 컴퓨터를 애니메이션 영화 제작에 접목하면 시너지 효과가 나리라 직감하고 큰 모험을 하는 심정으로 픽사를 인수했다. 픽사에는 존 래시터라는 예술가가 있었고, 두 사람은 운명적인 만남을 하고 의기투합했다. 그렇게 해서 탄생한 것들이 엄청난 히트를 쳐서 잡스가 픽사에 투자한 것보다 몇백 배의 가치를 가져다주었다. 그 이후에 잡스가 애플로 복귀하고 명예와 부를 회복한 것은 이미 잘 알려진 사실들이다. 잡스도 해결할 수 없을 것 같은 수많은 문제들을 만났고, 자신만의 선택과 방법으로 문제들을 해결했다. 그런데 우리들이 눈여겨볼 것은 문제해결을 잡스 혼자서 하지 않고, 주변 사람들과 함께 했다는 것이다. 잡스는 독불장군처럼 자신의 생각과 고집대로 제품을 개발하고 애플을 경영한 사람으로 알려졌지만, 그에게는 항상 뜻과 목표를 함께하는 팀이 있었다.

빌 게이츠가 가방에 넣어 다니며 읽은 책으로 알려진『룬샷』이 국내에도 출간됐는데, 룬샷은 '해당 아이디어를 생각해 내거나 주장하는 사람이 미치광이 취급을 당하거나 많은 이가 실현 불가능하다며 무시하는 아이디어나 프로젝트'를 뜻한다. 보통 사람들이 말도 안 되는 미친 생각처럼 취급하는 초기 아이디어를 말하는데, 세상에 유익과 편리를 주는 대부분의 발명이나 발견이 룬샷을 통해서 나왔다는 것을 소개하는 책이다. 이 책의 핵심은 초기 아이디어로 시작하여 마지막 성공적인 결과물을 얻기까지 중간 단계에서 만나는 여러 번의 실패(에디슨의 전구 개발은 수천 번 실패를 함)가 진짜 실패가 아니고 가짜 실패라 주장하고, 가짜 실패 때문에 문제해결이나 도전을 중간에 포기하지 말아야 한다는 것이다. 또한 대부분의 사람들이 무시하고 외면하는 룬샷을 성공시키려면 기존의 조직과 분리된 별동부대 같은 조직이나 팀을 구성하여 진행하라는 것인데, 이렇게 하는 이유는 조직 내에서 기득권을 가진 사람이나 팀의 공격이나 무시로부터 별동부대를 보호하고 룬샷이 성공을 거둘 때까지 추진하기 위한 전략이다. 스티브 잡스도 픽사나 애플에서 룬샷을 발굴하고, 이것을 실행하기 위해서 자신이 직접 이끄는 별동부대를 운영하여 성공적인 제품들을 만들었다.

페이스북으로 성공한 마크 주커버그도 시작은 매우 미약했다. 페이스북은 사람과 사람을 연결하는 플랫폼이다. 그가 이런 비즈니스에 관심을 갖게 된 배경에는 심리학자였던 어머니와 환자를 돌보는 의사였던 아버지의 영향이 컸다. 부모 모두 사람에 관한 직업을 가진 전문가였기에 주커버그도 사람에 대해 관심을 갖고 소통하는 환경에서 자랐다. 여기에 컴퓨터에 뛰어난 재능을 가졌기에 어린 시절부터 사람을 돕거나 연결하는 프로그램을 개발하며 성장했다. 그리고 하버드에 입학하여 심리학과 컴퓨터공학을 복수 전공했다. 그래서 하버드에서 처음 만든 게 대학 내에서 누가 어느 과목을 수강하는지 파악하고 같은 수업을 듣는 학생들이 스터디 그룹을 짜는 데에 편의를 제공하도록 프로그램 한 코스매치*CourseMatch*였다. 그런 후에 이것을 조금 더 발전시켜서 대학을 다니고 있는 학생들의 사진을 띄워놓고 자동으로 일대일 매치업을 벌여 외모의 우승자를 가려내는 페이스매시*Facemash*를 개발했다. 이처럼 주커버그는 사람들 간의 관심이나 외모 등을 서로 연결하여 재미와 편리함을 주는 개발에 더욱 매력을 느끼게 됐다. 이런 단계를 경험하고 점차 발전시켜서 만든 게 바로 페이스북이다. 페이스북 이전에 이미 시장에는 마이스페이스나 프렌스터가 있었고, 한국에도 싸이월드가 존재했다. 주커버그는 이들 강자를 물리치고 이 시장을 평정했다. 그의 성공 비결은 초기 아이디어를 발굴하고 이것을 프로토타입이나 파일럿 버전으로 시장에 출시하여 고객들의 반응이나 검증을 받고, 여기서 발생한 문제들을 해결하여 서비스를 고도화하는 반복적인 과정을 거치면서 진화시켜 성공한 것이다.

이처럼 문제해결은 단 한 번에 되는 게 아니다. 수없이 반복하고 실패하고 다시 도전해야만 도달할 수 있는 경지다. 물론 문제를 해결하는 과정에서 새로운 시각과 관점으로 문제를 바라보고 새로운 아이디어를 찾는 것도 중요하며 이와 더불어 문제를 신속하고 효과적으로 해결하는 프로세스와 도구를 활용하는 것도 중요하다.

성공적인 문제해결을 하려면 문제를 회피하기보다 문제를 적극적으로 바라보고 분석하고, 너무 큰 문제라면 이것을 작은 크기로 쪼개어 해결하는 게 좋다. 또한 문제해결은 주먹구구가 아니고 단계별 프로세스와 효과적인 도구들을 사용하면 큰 도움이 된다.

이 책에서는 필자가 15년 이상 현장에서 기업들의 다양하고 복잡한 문제해결에 적용하여 효과가 검증된 프로세스와 도구들을 소개하고, 성공사례들을 다루었다. 문제해결은 누구에게나 결코 쉽지 않다. 하지만 제대로 된 방법을 이해하고 적용한다면 난공불락의 대상이 아니므로 이해하고 배운 대로 잘 적용하여 성공하기를 바란다.

2021년 1월

심재우

차례

어떤 상황에서든 최고의 성과를 내는 조직

모든 해결은 문제를 인식하는 것에서 시작한다

실현되지 않은 계획은 무의미하다

언택트 시대에 필요한 문제해결의 기술

1장

어떤 상황에서든
최고의 성과를 내는 조직

1

업무란 결국
문제를 해결하는 과정

| 구글이 지메일과 크롬을 만들 수 있었던 비결 |

구글은 비즈니스에 필요한 좋은 아이디어들을 자체적으로 내부에서 개발하기도 하지만, 외부에서 다른 기업(특히 스타트업)이 개발한 것들을 M&A를 통해서 흡수하여 활용한다. 이런 활동으로 구글의 비즈니스가 커질수록 인수 대상기업들의 숫자도 빠르게 증가했다. 하지만 신기술이 무조건 좋고 시장에서 성공을 보장하는 건 아니다. 특히 기술과 환경이 빠르게 변화되는 상황에서는 인수한 기술의 가능성과 시장성에 대한 검증은 매우 중요하다. 그래서 구글은 인수한 스타트업들이 가진 기술을 그대로 사용해도 좋을지, 아니면 더욱 고도화하거나 다른 기술이나 시장으로 피봇할 것인지 결정해야 했다. 이를 위

해 2014년부터 스프린트라는 방법을 개발하여 적용하기 시작했다.

세계적인 기업인 구글은 독보적인 기술력을 가진 100개 이상의 스타트업을 인수하여 성공시켰는데, 여기에는 스프린트로 불리는 독특한 워크숍 프로세스가 있다. 스프린트는 단거리 경주를 뜻하는 것으로 짧은 구간을 전력으로 질주하여 경기를 끝내는 것을 말한다. 마찬가지로 구글의 스프린트도 스타트업이 가진 초기 아이디어나 아이템을 6~7명의 팀원들이 열린 토론을 통해 프로토타입을 제작하고 고객과 함께 아이디어를 테스트하여 중요한 문제들에 대한 답을 찾는 독특한 5일짜리 과정이다.

구글은 스프린트를 통해 지메일과 크롬, 구글 서치 등을 탄생시켰고, 페이스북과 우버, 블루보틀, 슬랙, 에어비앤비 등에서도 그 효과가 입증되었다. 5일간 집중적으로 검증하여 사업화를 할지 아니면 버리거나 피봇팅(기존의 사업 모델을 다른 것으로 바꾸는 것)할 것인지 결정한다.

구글 스프린트는 5일 만에 "아이디어 → 스케치 → 솔루션 도출 → 프로토타이핑 → 고객 테스트"까지 완료하는 문제 해결법이다. 스프린트의 역할은 첫째, 중요한 문제들을 신속히 해결하고, 둘째, 새로운 아이디어를 테스트하고, 셋째, 더 많은 일을 더 빨리 끝낼 방법을 제시하고, 넷째, 스프린트 과정에서 참여자 모두가 즐겁게 참여하고 가시적인 결과를 얻는 것이다. 이렇게 성공적인 결과를 얻은 스프린트가 국내에 도입되었지만, 국내 기업들은 이것을 외면했다. 스프린트가 한국 실정에 맞지 않고 적용하기에 어려움이 많다는 것이 이유였다.

해외에서 성공하고 검증이 완료된 새로운 혁신기법이나 방법론이 한국에 들어오면 죽음의 무덤 속에 빠져 흔적도 없이 사라진다. 식스 시그마, 워크아웃 타운미팅, 트리즈, PI, TPS, 린스타트업 등 해외에서 성공했고 지금도 활용도가 높은 방법론들이 한국에서는 자취를 감추었다. 웬만한 혁신 방법론은 한국인들에게는 절대로 먹히지도 않고 감히 범접하기 어려운 난공불락이다. 잠시 유행했다가 너무도 빨리 사라지는 이유가 한국 기업들의 문화와 수준이 과연 해외의 초일류 기업들보다 우월해서였을까?

국내에 스프린트를 소개하고 5일간의 워크숍을 진행한 초기 사람들은 스프린트의 진행 프로세스만 따라서 참가자들을 이끌고 단계별로 진행되어야 하는 액션들을 알려만 주고 나머지는 참가자들이 알아서 만들고 해결하라고 했다. 사실 그들 역시 자신이 만든 아이디어를 가지고 스프린트를 제대로 실행해 보지도 못했던 사람들이었다. 간혹 스프린트 실행 경험이 있다 해도, 다른 사람들이 스프린트를 제대로 수행하도록 리드하고 코칭하는 건 전혀 다른 차원이다. 마치 혼자서 학습은 잘해도 남을 가르치는 것은 어려워하는 것과 같은 이치다.

두 번째 장애물은 참가자들에게 있는데, 예를 들어 스프린트에서는 2일 차에 다양한 아이디어를 빠르게 스케치하고 비주얼로 표현해야 하는데, 대부분의 한국 사람들이 이것을 수행하는 데 많은 어려움을 겪는다. 무엇을 어떻게 스케치하고 비주얼로 그려야 할지 전혀 감을 잡지 못하고 멍한 공황 상태에 빠진다. 이유는 특별히 그림에 관심이 있거나 평소에 스케치를 하던 극소수의 사람 외에는 무언가를 비주얼로 그리는 것을 한 번도 해 보지 않았기 때문이다. 세 번째 장애물은 스프린트 5일 차에 진행하는 고객 테스트 인터뷰인데, 대화나 소통의 스킬이 부족해서 주변의 사람들과도 열린 소통을 하지 못하는 상태에서 고객과의 인터뷰를 주도하여 프로토타입에 대한 고객의 자연스럽고 솔직한 반응이나 경험을 말하도록 유도하는 것을 전혀 감당하지 못하기 때문이다.

필자는 20년 이상 7~8명을 한 팀으로 구성하여 주어진 주제나 과제를 열린 토론과 집단 창의성을 이용하여 해결하는 워크아웃 타운미팅 퍼실리테이션을 기업에 있는 수많은 리더들에게 전문적으로 가르치고 진행해 왔다.

2018년 8월 중순에 우연히 구글 스프린트를 알게 되었고 번역본을 구매하여 읽기 시작했고, 몇 페이지를 넘기지 않았지만 바로 스프린트에 빠져들었다. 그래서 책을 구입한 날에 책을 완독했다. 그리고 스프린트를 한국 기업과 스타트업들에게 알리고 확산해야겠다는 계획을 세웠다. 그래서 주변의 전문가들에게 말했더니 스프린트를 알고 있던 사람들의 반응은 동일하게 냉소적이었다.

"스프린트는 2년 전에 한국에 소개되었고, 일부에서 5일간의 워크

숍도 진행했었는데, 채택한 기업들은 단 한 곳도 없습니다. 한국 실정과 문화에 맞지 않아서 이미 사라졌습니다." 이런 반응을 듣고 필자는 왜 한국 사람들이 스프린트 방법을 어려워하고 활용하지 않았는지에 대해 연구하고 분석했다. 그리고 앞에서 언급한 것처럼 스프린트를 주도한 사람들의 능력과 경험의 한계, 참여한 사람들이 직면했던 장벽 때문이라는 결론을 내렸다.

퍼실리테이터는 방법론의 프로세스와 문제해결 도구만 따른다고 되는 게 아니다. 참여자들이 각각의 과정과 단계 그리고 문제해결에서 어떤 어려움이나 장애를 만나는지 세밀하게 확인하고 그것을 무리 없이 헤쳐 나갈 수 있도록 직접적인 도움을 주고 함께 호흡을 맞추어야 한다. 스프린트의 프로세스와 과정은 이해하지만 경험이 빈약한 퍼실리테이터는 이것을 제대로 수행할 수 없다.

참가자들이 직면하는 어려움은 크게 2가지로, 2~3일 차에 아이디어를 스케치하고 적절한 솔루션을 비주얼로 표현하여 스토리보드를 작성하는 것과 5일 차에 고객 테스트를 위한 인터뷰 질문을 개발하는 것이다.

지금도 스타트업들이 가장 어려워하는 것이 고객 검증을 위한 인터뷰 기술이다. 인터뷰는 질문이 핵심인데 평소에도 질문을 거의 사용하지 않던 한국인들이 별안간 질문을 하려니 수준도 낮고 매끄럽지 못한 질문으로 인터뷰를 망치기 때문이다.

그래서 필자는 한국인들이 안고 있는 두 가지 문제를 해결하는 방법을 연구하여 스프린트를 한국형으로 커스터마이징 했고, 이것을 '퀵서클'이란 이름으로 명명했다. 이것에 대한 구체적인 설명은 뒤에서 자세히 다룬다.

퀵서클
구글 스프린트를 한국 기업 실정에 맞게 수정하였다.

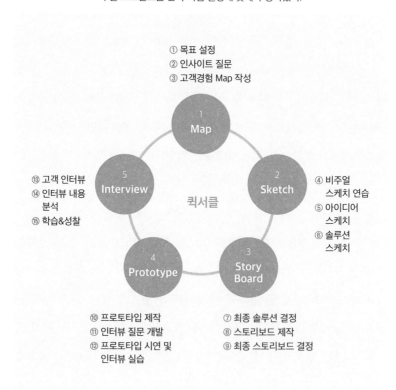

① 목표 설정
② 인사이트 질문
③ 고객경험 Map 작성

⑬ 고객 인터뷰
⑭ 인터뷰 내용 분석
⑮ 학습&성찰

④ 비주얼 스케치 연습
⑤ 아이디어 스케치
⑥ 솔루션 스케치

⑩ 프로토타입 제작
⑪ 인터뷰 질문 개발
⑫ 프로토타입 시연 및 인터뷰 실습

⑦ 최종 솔루션 결정
⑧ 스토리보드 제작
⑨ 최종 스토리보드 결정

| 구찌에 닥친 위기: 올드하다는 인식 |

세계의 패션계를 주도했던 구찌는 2012년부터 3년간 매출이 정체되고 '중년 브랜드'라는 이미지까지 생겨나 어려움을 겪고 있었다. 왜냐하면 신세대들이 구매력을 갖게 되었지만 자신들의 어머니와 할머니 세대에서 선호하던 브랜드라는 이미지가 강하여 이들의 외면을 받았기 때문이었다. 2015년 CEO에 오른 마르코 비자리는 구찌의 문제를 "과거의 성공경험에 빠져 시대에 맞지 않는 제품을 만들고 있다."라며 젊은 고객들의 니즈를 파악하여 이들을 고객으로 만들기 위한 대대적인 혁신에 나섰다. 이를 위한 방안으로 사내에 밀레니얼 세대의 의견을 반영하기 위해 젊은 직원들이 멘토로 활동하는 '리버스멘토링'을 도입했다. 또한 구찌는 30세 이하 젊은 직원들로 구성된 '그림자 위원회'를 만들어 임원회의 주요 안건을 다시 토론하여 새로운 통찰을 발견한다. 과감한 디자인을 추구하는 알렉산드로 미켈레를 수석 디자이너로 발탁하고 온라인 등 유통채널을 다변화하는 데 주력했다. 그 결과 2018년에는 35세 이하 고객 매출 비중이 전체 62%까지 상승했다. 35살 이하 직원들과 정기적으로 점심을 먹으면서 진행하는 '점심 모임'은 모든 참가자들이 회사 문화나 복지에 대한 아이디어를 3가지씩 가지고 와서 열린 토론을 하는 시스템이다. 이를 통해서 모피 사용 금지, 구찌와 함께하는 여행 앱 개발, 중성적 디자인 적용

등의 아이디어가 나왔고 친환경, 경험, 재미와 개성 등을 중시하는 밀레니얼 세대의 특성을 경영에 반영했다.

리버스멘토링이란 젊은 직원이 멘토가 되어 경영진에게 코칭하고 조언하는 것을 의미한다. 리버스 멘토링은 1:1로 진행되는 것이 일반적이지만, 다대다 등 그룹 멘토링 형태로도 가능하다. 내부의 젊은 직원은 물론 외부 젊은 컨설턴트를 멘토로 활용하는 것처럼 다양하게 적용하고 있다.

멘토-멘티끼리 팀을 꾸려 밀레니얼 세대의 '의식주'를 주제로 함께 프로그램을 기획하는 활동도 했다. 90년대생 직원들이 늘어나면서 그들에게 어떻게 메시지를 전달하고 소통할지를 고민하다 '리버스멘토링'을 도입한 것이다. 구찌가 도입한 이것을 벤치마킹하여 적용하는 기업들이 늘고 있다. IBM, 에스티로더, GE, 마스터카드 등 글로벌 기업뿐 아니라 국내 스타트업들도 리버스멘토링으로 새로운 변화를 시도하고 있다.

| 아이디어는 무한한 힘을 가지고 있다 |

문제해결이란 기업뿐만 아니라 다양한 조직에서 필요하다. 대한민국에서 천연자원, 산업자원, 관광자원이 없는 지역이라 "三無(삼무)의 고

장"으로 알려진 전라남도 함평은 전체 인구의 71%가 농업에 종사하는 전형적인 시골이었다. 그런데 함평이 1년에 1,200개 지역 축제가 열리는 축제공화국 대한민국에서 나비축제로 1위를 차지하고 있다. 매년 120만 명이 이곳을 찾아, 약 2천억 원의 경제 유발 효과를 거두고 있다.

함평이 어떻게 나비축제로 성공할 수 있었을까?

39세의 약관으로 함평 군수가 된 이석형 군수는 부임하고 나서, 환경이 열악하고 가난에 찌든 주민들을 살리고자 '나비축제'라는 아이디어를 냈다. 그러자 주민들은 "군수가 제정신이 아니다.", "세상 물정을 너무 모른다."라고 하면서 군수를 폄훼했고, 공무원들은 복지부동하며 움직이지 않았다. 주민과 공무원들이 외면하자 처음부터 일을 크게 벌이기 어렵다는 것을 감지하고, 3명의 별동대를 조직하여 200평짜리 비닐하우스에서 초기 아이디어를 살리고 구현하는 실험을 시작했다. 함평에서 나비가 죽지 않고 살 수 있는 가장 적합한 환경과 생태계를 찾기 위해 노력했다. 이들은 여러 가지 아이디어들을 열린 토론을 통해 살리고 발전시켰다. 새로운 문제들을 찾고 원인을 분석하여 가장 적합한 해결책을 얻고자 창의력을 극대화했다. 이들의 시작은 미약했지만, 결국 성공시켜 전국 1위의 나비축제로 만들었다. 초기 아이디어는 누가 봐도 엉뚱하고 말도 안 되는 거였지만, 여러 사람이 머리를 맞대고 협업하여 마침내 성공을 이뤘다.

모든 사람들은 문제를 만나면 그것을 해결하기 위한 다양한 아이디어를 생각하고 공유한다. 그런데 초기 아이디어들은 대부분 엉뚱해 보이거나 효과성이 없는 것처럼 보이는 것도 사실이다. 그래서 사람들은 이런 아이디어를 무시하거나 외면한다. 하지만 처음부터 기발하고 바로 효과를 낼 수 있는 아이디어는 세상 어디에도 없다. 문제해결의 핵심은 즉시 실행 가능한 아이디어나 해결책을 개발하는 게 아니고, 초기 아이디어를 다듬고 살려서 점점 더 실행력과 효과성이 높아지도록 만드는 데 있다.

　　전구를 발명한 에디슨의 전구에 대한 초기 아이디어도 허접하고 우스꽝스러웠다. 이런 아이디어를 천 번 이상 다듬고 고도화하여 마침내 전구를 만든 것이다. 문제해결은 문제가 반드시 해결될 때까지 포기하지 않고 해내는 것이다.

2 현재 상황과 바라는 목표 사이의 간격

| 회피하지 마라 |

문제를 막연히 골치 아픈 것이라 정의하면 문제는 좀처럼 풀기 어렵다. 왜냐하면 문제를 부정적이고 피하고 싶은 대상으로 여기기 때문이다. 하지만 문제를 현재 상황과 미래에 이루고자 하거나 바라는 목표 사이의 간격으로 정의하면, 자신에게 문제가 있다는 말은 현재 상황을 기준으로 미래에 무언가 이루고자 하는 목표가 있다는 말이다. 둘 사이의 간격이 크다는 것은 목표 역시 크다는 것이기에, 작은 목표를 가진 사람은 작은 문제를 풀면 되고, 큰 목표를 가진 사람은 큰 문제를 해결하면 된다. 즉 목표가 클수록 문제도 비례하여 커진다.

만약에 누군가가 자신에게는 아무런 문제가 없다고 한다면 이건

무슨 의미일까? 앞에서 정의한 문제를 기준으로 본다면 문제가 없다는 것은 미래에 이루고자 하는 목표도 없다는 뜻이다. 지금까지 설명한 새로운 관점으로 문제를 이해했다면 두 번째는 문제를 어떻게 바라보고 정의해야 하는지가 중요하다. 그것에 따라 문제를 해결하는 해법도 달라지기 때문이다.

| "그게 진짜 문제야?" |

예를 들어 대형마트에서 물건을 골라 카트에 가득 싣고 계산대에 줄을 서서 기다리는 사람들이 있다. 대기하는 줄이 길면 고객들은 너무 오래 기다려야 하고 왜 빨리 계산하지 않느냐고 대형마트 직원들을 향해 불만을 터트릴 것이다. 고객들의 불만과 항의가 계속되자 마트의 총매니저는 이 문제를 해결하기 위해서 사내에 태스크포스팀TFT을 구성하여 1주일 내에 해결하라는 지시를 내렸다. 만약에 여러분이 TFT 팀원으로 선정됐다면 어떻게 할 것인가?

대부분의 조직에서 문제해결을 위한 프로젝트를 시작하면 첫 단계로 문제가 무엇인지 정의하는 것부터 하기 마련이다. 그러면 여러분은 문제의 정의를 어떻게 하겠는가? 이 문제는 필자가 몇 년간 고객기업들을 대상으로 수많은 문제해결 교육과 컨설팅을 하면서 참가자들에게 제시하는 사례인데, 참가자들은 거의 동일하게 다음과 같은 결론을 내린다.

"문제는 고객들이 기다리는 줄이 너무 긴 것이고, 긴 줄이 빨리 줄어들도록 조치를 취할 수 있는 솔루션이 필요합니다." 이런 정의를 내린 사람들에게 "그렇다면 어떤 해결책이 좋을까요?"라고 질문한다. 그러면 이런 의견들이 나온다.

"기다리는 줄을 짧게 하려면, 계산하는 카운터 숫자를 늘려야지요." "물건의 숫자가 많은 고객과 적은 고객을 분리하여 카운터를 운영해야지요." "마트 내에서 이벤트를 열어 기다리는 고객들이 분산되도록 하면 됩니다."

여러분은 이 답변들이 어떻다고 생각되는가? 괜찮은 생각이라고 동의를 한다면 여러분은 고정관념에 매몰된 것이다. 이 의견들은 고정관념에 머물러 있는 사람들이 주로 내놓는 아이디어이기 때문이다. 고정관념이란 기존에 생각하던 방식에서 벗어나지 못하거나(이것을 관성의 법칙이라 한다), 단지 눈에 보이는 것만 보고 판단하는 경향을 말한다. 기존에 갖고 있는 생각의 틀을 벗어나지 못하면 문제를 해결하는 방법도 역시 기존에 하던 방식만 고수할 수밖에 없다.

그렇다면 왜 이 의견들이 좋은 아이디어가 아닌지 하나씩 살펴보자.

1) "기다리는 줄을 짧게 하려면, 계산하는 카운터 숫자를 늘려야지요."

기다리는 줄이 길다는 것은 구매고객 숫자에 비해서 카운터 수가 절대적으로 부족하기 때문인 것은 사실이다. 이런 상황이라면 대형 마트의 경영진은 행복한 상황이다. 손님이 없어 마트가 텅 빈 것보다 낮지 않은가? 하지만 고객 입장에서는 짜증이 나는 상황이라 빨리 개선책을 마련해야 한다. 그렇지 않으면 고객들은 주변 다른 마트로 이동할 것이다. 그런데 카운터 숫자를 늘리는 게 쉽고도 빠르게 실행할 수 있는 솔루션일까?

아마도 저 정도의 고객들이 붐비는 마트라면 이미 카운터를 설치할 수 있는 공간에는 다 설치했을 테고, 계산원도 풀로 가동 중일 게다. 그럼에도 손님이 워낙 많아서 물리적인 방법으로 해결이 어려울 것이다.

만약에 추가로 계산대 설치를 해야 한다면 새로운 공간 마련이 필요한데, 현재 건물에서 새로운 공간 마련이 가능할까? 건물을 증축하거나 다른 용도로 사용 중인 공간을 계산대 공간으로 변경해야 하는데, 그럼 다른 용도의 공간은 어떻게 할 것인가?

이런 아이디어는 근본적인 해결책이 아니고 임시방편일 것이다. 그 외에도 이렇게 해결하려면 엄청난 비용이 투입되어야 하는데, 큰 금액의 재정 마련이 일시에 준비되기도 어렵다.

2) "물건의 숫자가 많은 고객과 적은 고객을 분리하여 카운터를 운영해야지요."

이것은 현재 모든 마트들이 운영하고 있는 방식이다. 그럼에도 이런 아이디어를 주장하는 사람들은 별다른 문제의식이나 적극적으로 문제를 해결하려는 의지와 열정 없이 그냥 머리에서 생각나는 대로 말하는 것에 지나지 않는다. 즉 이미 다른 곳에서 적용하는 뻔한 해결책을 마치 새로운 것처럼 말하고 강조한다.

3) "마트 내에서 이벤트를 열어 기다리는 고객들이 분산되도록 하면 됩니다."

이벤트를 여는 순간 고객들이 그리로 이동하여 분산되는 효과를 얻을 수 있다. 그런데 이벤트가 끝나는 순간 고객들이 어떤 행동을 할까를 깊이 생각해 봐야 한다. 이벤트가 끝나면 고객들은 일시에 계산대로 이동하고 줄을 설 것이고 결국은 동일한 문제가 발생된다. 이런 아이디어도 근본적인 해결책이 아니다.

회사나 조직 내에는 이런 방식으로 생각하고 문제를 해결하려는 사람들이 대부분을 차지한다. 그러다 보니 회사에서 직면하는 다양한 문제들을 효과적으로 해결하지 못하고 시간과 비용의 낭비만 하고 허송세월을 보낸다.

우리들은 누구나 고정관념에 매몰되어 살고 있다. 사람에게 고정관념이 매우 강하게 형성되는 이유는 그동안 살아오면서 얻은 지식이나 정보, 경험, 실수나 실패, 교훈 등 다양한 것들을 통해서 자신만의 기준과 원칙, 신념이 굳어지기 때문이다. 이와 같은 고정관념이 문제를 만났을 때, 어떻게 할 것인지 결정하는 기준이 되고 지침이 된다. 따라서 고정관념은 나이가 들수록, 경험이 많을수록 더욱 강하게 형성된다. 그렇다고 해서 고정관념이 나쁜 것만은 아니다. 이것은 자신만의 기준이나 원칙을 갖고 있음을 뜻하므로 문제해결을 위한 의사결정을 신속하고 단호하게 하는 이점도 제공한다.

그런데 고정관념이 문제가 되는 것은 이것에 매몰되어 벗어나는 사고와 판단을 못하기 때문이다. 그렇다면 우리는 왜 고정관념에 매몰되지 말고 여기서 벗어나야 할까? 우리는 세상을 살면서 이전에는 경험하지 못했거나, 환경과 문화, 기술 등의 변화로 문제의 유형이나 내용들이 바뀌어 한 번도 경험해 보지 못한 문제들을 만나게 되고, 이것을 해결해야 하기 때문에 이전의 경험과 지식으로 형성된 고정관념은 새로운 문제들을 해결하는 데 별로 도움이 되지 못한다.

물론 고정관념이 불필요하거나 무시할 만한 것이라는 말은 아니다. 다만 여기서 탈피하여 새로운 관점과 생각을 갖는 게 중요하다는 말이다. 그러면 그동안 고정관념에 매몰되어 문제해결을 하던 사람에게 새로운 관점이나 생각을 가지라고 말로 강하게 주문한다고 그게 실현될 수 있을까? 예를 들어 이번 문제를 제대로 해결하려면 이제부터 새로운 관점과 생각을 가져야 한다고 머릿속으로 결심한다고 해서 이것이 가능해질까? 어떤 생각이나 결심은 본인이 마음대로 할 수도 있겠지만, 그렇게 실행하는 것은 전혀 다른 차원이다. 다른 차원이라는 말은 불가능하다는 것을 암시한다. 즉 3차원에서 살던 사람이 4차원으로 이동해야 하는데, 이게 말처럼 쉬운 게 아니다.

다양하고 새로운 문제를 만나고 이것을 효과적으로 해결하려면 유연한 사고를 가져야 한다고 말하는데, 유연한 사고란 고정관념에 매몰되지 않고, 이전에는 한 번도 시도하지 못했던 방향이나 관점으로 생각하고 접근하는 걸 요구한다.

누구나 잘 알고 있는 '관성의 법칙'이 있다. 뉴턴이 발견한 운동 법칙 중에서 가장 기본이 되는 제1법칙이다. 관성의 법칙은 외부에서 힘이 가해지지 않는 한 모든 물체는 자기의 상태를 그대로 유지하려고 하는 것을 말한다.

예를 들어 정지한 물체는 영원히 정지한 채로 있으려 하고, 어떤 방향으로 움직이거나 운동하던 물체는 등속 직선운동을 계속하려고 한다. 달리던 버스가 급정거했을 때 앞으로 넘어지거나 브레이크를 급히 밟아도 차가 앞으로 밀리는 경우는 앞으로 가려는 움직임을 계속하려는 힘이 영향을 주기 때문이다. 트럭이 급커브를 도는 경우 적재함에 가득 실은 짐들이 커브의 바깥쪽 방향으로 쏟아지는 경우(이것을 원심력이라 함), 물이 담긴 컵 아래에 얇은 종이를 놓은 상태에서 갑자기 빠르고 세게 종이를 당기면 컵은 종이를 따라 움직이지 않고, 제자리에 가만히 있는 현상이 관성의 법칙의 예이다.

정리하면, 관성이란 과거부터 지금까지 진행되던 대로 계속해서 진행하려는 힘을 의미한다. 고정관념도 역시 관성의 법칙을 따른다.

그런데 고정관념이나 관성을 거슬러 반대 방향이나 다른 방향으로 이동하려면 어떻게 해야 할까? 방법은 관성의 힘보다 더 큰 힘으로 이겨내야 한다. 우리의 고정관념도 수십 년 동안 만들어진 엄청난 힘을 갖고 있어, 웬만한 생각이나 의지로 이것을 극복하는 건 어렵다.

이전의 지식이나 경험으로 이루어진 고정관념이 어떤 문제해결에는 큰 도움이 될 수도 있다. 전문가의 경험과 노하우가 그렇다. 하지만 이것이 때로는 새로운 문제해결에 가장 큰 걸림돌이 되기도 한다. 이것을 전문가의 함정에 빠진다고 말한다. 전문가는 자신의 경험과 노하우를 너무도 크게 믿고 확신하므로, 다른 방법이나 관점을 용납하지 못하고, 자신의 방법만 옳다고 주장하기 때문이다.

비만으로 건강에도 적신호가 오고, 이런저런 성인병에 시달리는 사람이 있다. 그래서 큰 결심을 하고 살을 빼기 위한 운동을 시작했다. 식사량도 줄이고, 하루에 2시간 이상씩 전문가의 지도 아래 웨이트 트레이닝을 시작한다. 평소에는 전혀 하지 않던 운동을 하루에 2시간씩 한다는 건 지옥과 같은 고통을 동반한다. 필자도 오랫동안 헬스클럽을 다니고 있는데, 어느 날 과체중의 청년이 등록하고 코치의 지도에 따라 운동을 시작했다. 무거운 중량을 드는 운동이 아니고 앉았다 일어서기, 푸시업, 점프하기 등 기본적인 훈련이었는데, 한 가지 운동을 마치고 나면 숨을 헐떡이고 온몸은 땀으로 범벅이 됐다. 잠시 후에 두 번째 운동을 하고 나니 더욱 지친 기색이었다. 약 1시간이 지날 때까지 운동은 계속됐고, 코치는 잠시도 쉴 틈을 주지 않고 강하게 밀어붙였다. 청년은 너무 힘든 나머지 눈물을 흘렸다. 이와 같은 지옥 훈련은 한 달이 넘게 계속되었는데, 필자가 보기에 청년의 외모는 전혀 변화가 없었다. 비만 상태는 그대로였다. 이것이 바로 관성력 때문이다. 관성이란 이 정도로 무섭고 강력하다. 한 달 동안 식사량도 줄이고 매일같이 지옥 훈련을 했으면 살이 쭉쭉 빠져야 하는데, 아무런 변화가 없는 것처럼 보였기 때문이다. 대부분의 사람들은 이 정도 상황이면 포기한다. 왜냐하면 나름대로 열심히 했는데 변화를 체감하지 못하기 때문이다. 그런데 이 청년의 결심은 매우 확고하여 포기하지 않고 계속했다. 필자와 청년이 운동하는 시간대가 서로 맞지 않아 1주일 정도 보지 못하다가 청년을 보게 됐는데, 전혀 다른 모습이었다. 운동을 하기 전에는 온몸이 지방으로 채워져 마치 미쉘린 타이어의 마스코트처럼 보였는데, 종아리가 여느 청년들처럼 갸름해졌다. 허벅지와 히프도 날씬해졌다. 가슴과 등에도 지방이 빠진 상태였다. 가쁜 숨도 진정됐고, 1시간 운동을 해도 얼굴은 평온하고 만족해하는 모습이었다. 비만이라는 관성력이 멈추는 데 1달이 걸렸고, 반대 방향 즉 정상 체중으로 가는 방향으로 몸이 바뀌기 시작한 것이다. 관성력은 반대 방향으로 힘을 주었다고 해서 바로 방향이 바뀌지 않고, 처음 방향대로 계속 움직인다. 하지만 이내 관성은 멈추고, 반대 방향으로 관성력이 생기기 시작한다.

문제해결을 위한 생각과 사고력도 고정관념이라는 관성력을 극복해야 하는데, 결과물이 가시적으로 즉시 나오지 않는다. 기존의 관성력을 멈출 때까지 인내하고 지속해야 한다.

발명의 왕이라 불리는 토마스 에디슨은 전구를 발명하기까지 무려 1천 번 이상의 실패를 거듭했다고 한다. 1천 번의 실패를 극복하고 마침내 성공했다는 것을 제3자의 입장에서 글이나 말로 이해하는 것은 참으로 쉬운 일이다. 하지만 에디슨 본인의 마음과 생각은 어땠을까?

필자는 에디슨이 문제와 실패에 무수히 많이 도전하여 목표를 성취하는 과정을 서술한 책들을 탐독하고 연구하여 에디슨이 어떻게 문제를 해결했는지 그 과정을 발견했다.

에디슨이 전구 개발을 위한 첫 번째 아이디어를 생각했을 때, 처음부터 그 아이디어는 반드시 실패할 거라고 생각하고 시도했을까? 아마도 절반은 실패할 수도 있고, 절반은 성공할 수도 있을 거라 믿고 실험했을 것이다. 즉 첫 번째 실험 방법을 생각해 냈을 때, 에디슨은 이전에 갖고 있던 지식과 경험인 고정관념을 기반으로 시도했다. 결국 1차 실험은 실패했고, 2차 도전을 위해서 에디슨은 무슨 생각을 어떻게 했을까? 고정관념에 기반을 둔 방법이 실패한 것을 확인한 에디슨은 이전에 했던 아이디어와 방식이 더 이상 유효하지 않다고 생각했다. 그래서 이전과 다른 방법을 찾기 시작했고, 새로운 방법을 찾아 희망과 기대를 안고 다시 실험했다. 하지만 또 실패했다. 에디슨은 3차 실험을 위한 방법을 고민하며 1차와 2차 실험에서 사용했던 방법과 생각을 분석했고, 실패하지 않을 새로운 방법을 찾으려 수많은 생각과 고민을 했다. 마침내 찾아낸 방법으로 3차에 도전했고, 다시 실패했다. 이런 과정을 1천 번 이상 포기하지 않고 시도했기에 에디슨은 전구를 발명할 수 있었다. 이것은 에디슨이 1천 번의 서로 다른 생각과 관점을 찾았다는 말과 같은데, 1천 번의 과정에서 에디슨은 이전과 다른 새로운 방법과 생각을 어떻게 찾아냈을까?

에디슨의 성공 비결은 문제와 실패에 대해 수많은 질문들을 던졌기에 가능했다. 질문도 항상 던지는 방향과 관점이 아니고, 이전에는 단 한 번도 하지 못했던 새로운 방향의 질문을 던졌다. 이처럼 다양한 방향과 관점의 질문은 우리들을 새로운 세계로 나아가도록 돕는 가장 효과적인 도구다. 문제해결에서 질문은 가장 중요하고 효과적인 도구다. 그래서 이제부터 필자가 15년 동안 연구하고 교육했던 질문에 대해 설명한다.

| 목표를 확인하기 위해 리더가 던져야 할 질문 |

질문은 왜 하는가? 지구상의 모든 동물들은 커뮤니케이션을 통해서 서로 간에 의사를 전달한다. 그런데 인간과 동물의 차이는 인간만이 질문을 한다는 것이다. 질문을 통하여 인류 문명과 역사가 발전해 왔다고 해도 지나친 말이 아니다. 질문은 커뮤니케이션의 질과 깊이를 높여 주는 핵심 요소이다.

대인 관계나 사회생활에서 개인적인 정보는 중요한 가치를 갖는다. 그렇다면 어떻게 해야 얻을 수 있을까? 또한 설득하려는 상대방이 가지고 있지만 겉으로 표현하지 않는 정보를 어떻게 해야 얻을 수 있으며, 어떻게 그들의 문제를 확인할 수 있을까? 그것은 '질문'을 통해서만 가능하다.

따라서 왜 질문을 해야 하는가는 명백해진다. 질문을 하면 상대방은 질문의 방향과 내용에 부합하는 대답을 하고, 그들의 상황이나 정보에 대해서도 말하게 된다. 질문을 던진 사람은 대답을 듣고 이해할 수 있으며, 상대방을 이해해야 문제를 해결할 수 있게 된다. 즉 상대방이 말하는 것을 경청함으로써 정확하고 명백한 사실과 의견을 구분하고, 그것으로부터 다시 새로운 질문을 만들 수 있다.

이처럼 순차적으로 질문하고, 경청하고, 이해하고, 말하는 사이클이 순환되어야 효과적인 커뮤니케이션이 이루어지고, 상대방을 설득할 수 있다. 또한 질문은 가장 강력하고 효과적인 커뮤니케이션 수단인 동시에 다양한 역할을 한다.

질문의 대표적인 역할을 정리하면 다음과 같다.

* 모르는 것을 알게 해준다.
* 상대방이 말할 수 있도록 해준다.
* 상대방이 대화에 참여하게 한다.
* 상대방이 가지고 있는 문제와 니즈를 확인한다.
* 설득할 때 상대방의 저항을 감소시킨다.
* 상대방에게 가치 전달을 쉽게 해준다.
* 새로운 관점을 갖게 해준다.
* 더 나은 생각이나 아이디어를 찾도록 촉진해 준다.
* 질문에 대해 답변하면서 스스로 설득된다.
* 질문이 가진 방향성에 부합되도록 상대방이 스스로 결론을 내도록 만든다.

이처럼 질문은 다양한 역할을 하므로, 질문을 최대한 활용해야 한다. 그리고 질문을 통해서 얻을 수 있는 효과도 많은데, 그중에서 가장 중요한 7가지는 다음과 같다.

1) 질문을 통해서 자신이 원하는 정보를 얻을 수 있다.

2) 질문을 받은 상대방은 대답을 통해서 자신이 몰랐던 새로운 사실을 알 수 있다.

3) 상대방에게 계획하고 의도한 질문을 함으로써, 주도권을 가지고 자신이 원하는 방향으로 대화를 이끌 수 있다.

4) 상대방이 관심을 가지고 대화에 동참하게 함으로써 원활한 의사소통이 가능하다.

5) 질문을 받는 사람은 질문에 답하기 위해 더 많은 생각을 함으로써 사고의 깊이와 폭이 확장된다.

6) 자신에게 문제가 생겼을 때 자문해 봄으로써 문제의 본질을 파악할 수 있고, 문제를 객관적인 시각에서 바라보게 하여 이성적인 결정을 하게 만든다.

7) 상대방이 질문에 대답하게 함으로써 자신이 유도하는 방향으로 상대방을 이해시키고 설득시킬 수 있다.

질문의 설득력은 얼마나 될까? 우리들이 상대를 설득하려 할 때, 가장 일반적으로 하는 행동은 설명하는 것이다. 내가 가지고 있는 생각, 타당성, 근거, 계획 등을 상대에게 열심히 설명한다. 그래야만 상대방이 설득될 것 같아서 그렇게 행동한다. 그런데 과연 그럴까? 열심히 설명할수록 설득력이 높아질까?

한 연구기관에서 어떤 행동을 하는 것이 설득력을 높이는가에 대해 조사한 결과에 의하면, 상대방에게 질문하는 것이 설득 효과가 더 높은 것으로 나타났다. 이처럼 질문하는 것이 설명하는 것보다 더 설득력이 강하다는 것을 보여주는 사례는 1962년 1월에 행한 미국의 존 F. 케네디 대통령의 취임 연설이다. 연설문의 후반부에 모두가 잘 알고 있는 말이 나온다.

"Ask not what your country can do for you? Ask what you can do for your country."
"국민 여러분, 조국이 여러분을 위해 무엇을 할 수 있는가를 묻지 말고, 여러분이 조국을 위해 무엇을 할 수 있는지 자문해 보십시오."

케네디 대통령은 국민을 설득하기 위해 논리적으로 설명하는 방법 대신 질문을 사용했다. 그리고 국민들은 스스로에게 질문하고 답을 얻었다. 조국이 우리를 위해서 할 일이 무엇인지 찾는 것이 아니라, 우리가 조국을 위해서 무엇을 할 수 있는가를 찾게 만들었던 것이다.

만일 케네디 대통령이 이 문장을 표현할 때, 'Ask'라는 질문으로 시작하지 않고, 'Think'나 'Do'와 같은 논증이나 명령으로 표현했다면, 지금까지 전 세계인들에게 가장 유명한 문장으로 남아 있지 못했을 것이다.

소크라테스는 대화와 설득의 달인이었다. 소크라테스는 일방적인 전달이 아니라 대화를 통해서 지식을 전하고 깨닫게 했으며, 질문의 효과를 적극적으로 활용했다. 그는 사람들에게 수많은 질문을 던지면서 대화를 시작했는데, 그것은 소크라테스가 모르는 것이 많아서 질문한 것이 아니다. 그의 행동은 사람들을 설득하고, 그들을 깨닫게 하기 위한 것이었다. 소크라테스가 질문을 던지면 사람들은 그 질문에 대답하기 위해 생각을 정리하면서 스스로 깨우침을 얻었던 것이다. 누군가를 설득하려면 상대방이 잘못 알고 있거나 모르는 것을 제대로 알게 해 주어야 한다. 그렇게 함으로써 상대방은 새로운 것을 알게 되고, 쉽게 설득된다. 이것이 바로 설득이다.

상대의 저항을 줄이려면 설명하지 말고 질문하라. 효과적으로 설득하기 위해서는 상대방의 저항을 줄이는 것이 매우 중요하다. 또한 우리가 설명하면 상대방은 설득을 당한다는 기분이 들게 되어 반발하거나 저항하게 된다. 그래서 상대방이 설득을 당한다는 기분이 들지 않게 하면서, 상대방이 자연스럽게 설득되도록 만드는 방법이 필요하다. 설득을 당한다는 기분이 들지 않게 하는 방법 역시 질문을 통해서 실현할 수 있다.

우리가 미리 계획하고 준비한 질문을 상대방에게 던지고, 상대방은 대답하면서 생각하고 깨닫는데, 상대방의 깨닫는 방향을 우리가 미리 계획한 방향으로 끌려오게 만드는 것이다.

여기서 주의할 점은 아무 질문이나 무작위로 한다고 해서 효과를 얻는 것은 아니고, 미리 잘 계획되고 준비된 질문을 해야 효과를 얻을 수 있다. 평소에 질문을 자주 활용해도 설득에 효과가 없었다면, 상대방에게 던지는 질문의 내용과 방향을 다시 점검할 필요가 있다.

질문을 효과적으로 사용하려면 질문의 목적이 무엇이고, 어떤 종류의 질문이 있으며, 각 질문들의 기능과 효과는 무엇인지 사전에 준비하고 연습해야 한다. 질문의 목적이 명확해야 대화의 주도권을 가질 수 있다. 각 종류별 질문의 역할과 기능에 대해 충분히 알고 있어야 필요한 시기에 적절한 질문을 던질 수 있다. 그래야 상대방의 대답을 듣고, 그것과 연관된 다음 질문을 효과적으로 만드는 것도 가능하다. 결론적으로 대화의 목적을 알고, 질문에 대한 기본을 익혀서 효과적으로 질문을 사용하는 것이 성공적으로 설득하는 비결이다.

의사소통 중에서 가장 큰 어려움은 상대를 설득하려 할 때 나타난다. 설득이 잘 안 된다는 것은 의사소통에 문제가 있음을 말한다. 그런데 우리들 대부분은 말하기를 중시하는 교육적, 사회적 환경에서 성장했다. 결국 질문을 중시하고 관련된 방법을 향상시키는 기회와 노력은 거의 없었다고 해도 지나치지 않다.

한편 많은 전문가들이 말하기보다는 많이 들으라고 한다. 듣는 것도, 상대에게 중요한 것이 아니고 나에게 중요한 것을 들어야 한다. 그러기 위하여 무조건 상대가 말하는 것을 그대로 듣지 말고, 내가 필요로 하는 것을 상대가 말하게 만들어야 하는데, 이렇게 할 수 있는 것이 바로 질문이다. 특히 상대로부터 가치 있는 말이나 정보를 얻기 위하여 적절한 질문을 해야 한다. 적절한 질문이 설득력을 높인다.

이제부터 질문을 제대로 익혀서 적극적으로 활용해 보자. 여러분의 설득력과 전달력이 달라질 것이다.

필자는 15년간 질문에 대해 연구하고 교육을 한 경험을 바탕으로 2년에 걸친 연구와 투자로 15가지 창의질문 모델을 개발했다. 이 질문들은 두뇌의 대뇌피질인 전두엽, 두정엽, 후두엽, 측두엽, 편도체, 해마 등을 자극하고 활성화시키는 질문들이다. 질문을 체계적으로 교육하는 프로그램을 만들었고, 학생들이 질문에 대한 학습과 연습을 쉽게 하도록 질문카드와 질문보드게임을 개발했다. 이와 함께 독서토론을 효과적으로 진행하는 데 필요한 13가지 토론패턴과 45가지 토론질문도 개발하여 출시했다. 이처럼 질문과 토론패턴을 모델과 프로세스로 만든 것은 세계에서 최초이기도 하다. 이런 공로로 '마르퀴즈 후즈후 2020 세계인명사전'에 등재됐는데, 2016년에 이어 두 번째 등재 기록이고, 15창의질문모델과 13토론패턴 & 45토론질문이 창의적인 작업이라는 것을 세계적으로 공식 인증을 받은 셈이다. 창의질문과 토론패턴에 대한 상세 내용은 필자가 출간한 『창의 천재들의 생각도구, 질문(2020)』 책을 참고하기 바란다.

3

다른 각도에서 바라보면
완전히 다른 세상이 보인다

| 손님이 많아서 대기열이 길다 → 손님을 줄인다? |

문제를 바라보는 관점과 방향이 해결책을 결정한다. 앞선 예에서 고객들이 어떤 문제를 갖고 있는지 다시 한 번 살펴보고 새로운 관점에서 문제를 찾아보자. 아직도 기다리는 줄이 긴 것만 보이는가? 그렇다면 여러분은 아직도 고정관념에서 벗어나지 못하고 있다. 즉 눈에 보이는 것만 보고 있는 것이다.

새로운 관점으로 들어가는 방법은 긴 줄이 아닌 사람들의 표정과 그들의 머릿속 생각을 바라보는 것이다. 즉 눈으로 보이는 것만 보는 게 아니고 머릿속 생각을 통해 바라보는 것이다. 상대방의 마음이나 생각 속에 감정을 이입하여 공감하는 것으로, 제3자의 관찰자 관점이 아니고 상대방이 되는 것이다. 이런 관점으로 고객들을 보면 무엇이 보이는가? "지루하고 따분해하는 것이 보이는가?" 이것이 보인다면 여러분은 새로운 관점을 갖게 된 것이다.

　문제를 이렇게 정의하면 해결책은 "어떻게 하면 기다리는 고객들의 지루함과 따분함을 해소할 수 있을까?"라는 창의적인 질문이 떠오르게 된다. 지루함과 따분함을 해결하는 방법은 다양할 것이다. 예를 들어 계산대 근처에서 볼거리를 제공하는 이벤트를 열거나 대형 TV나 스크린을 설치해서 신나는 뮤직 비디오나 스포츠 중계를 보여 주거나, 아니면 간단히 몸을 푸는 스트레칭을 하도록 유도할 수도 있다. 또는 마트에서 구매한 식품으로 저녁 요리에 적합한 요리법을 보여줄 수도 있다.

　사람들은 효과적으로 문제를 해결하려면 창의성이 매우 중요하다고 강조한다. 그래서 창의적인 사람이 되라고 주장한다. 하지만 창의적인 생각은 머릿속에서 그렇게 해야지 하고 애를 쓰거나 노력한다고 원하거나 기대하는 결과물이 나오지 않는다.

　창의성은 별안간 하늘에서 뚝 떨어지는 게 아니다. 창의성은 현실에 기반을 둔 문제를 다른 관점으로 바라보고 다른 방향의 질문을 던질 때 가능해진다. 창의성으로 가는 문을 열어 주는 질문은 뒤에서 상세히 다룬다.

| 해결형 과제와 목표형 과제 구분하기 |

문제해결을 효과적으로 하려면 고정관념에서 탈피하여 문제를 분석하고 정의해야만 기발한 아이디어를 개발할 수 있다고 했다. 문제라고 해서 모두 같은 것이 아니고 현재 보이는 문제인지 아직은 보이지 않지만 미래의 어느 시점에서 발생할 수 있는 문제인지에 따라 "해결형 문제"와 "목표형 문제"로 구분된다.

해결형 문제는 현재의 문제로 과거부터 발생하여 현재까지 미해결 된 상태로 영향을 주는 문제로 가시적이거나 확인이 가능한 문제다. 목표형 문제는 미래의 문제로 현재는 이루어지지 않은 상태지만, 미래 어느 시점에 나타날 수 있는 문제(목표와 현실 사이의 간격)다.

문제의 유형에 따라 해결 방법도 다르다. 해결형 문제는 문제와 문제의 발생 원인을 분석하고 원인을 제거하는 해결책을 찾아서 실행하여 해결하면 된다. 이때 사용되는 분석 기법들은 세 가지로 논리적 분석, 구조적 분석, 체계적 분석이다.

논리적 분석은 문제의 진위 여부를 확인하고 새로운 문제인지 과거에 발생하여 현재까지 지속된 문제인지, 문제가 발생했다가 사라지고 다시 발생하는 반복적인 문제인지로 분석한다. 구조적 분석은 "5 Why" 기법으로 분석하고, 체계적 분석은 MECE(중복되지 않고 누락되지 않는) 기법으로 하면 된다. 이것은 문제를 깊이 방향으로 깊게 파고드는 분석적 사고가 중요하다. 문제를 카테고리로 세분화하고 작게 분해하는 것으로, 숲보다는 나무를 보는 것이고 순차적인 접근법이다. 그래서 기존의 문제해결을 위한 인사이트*Insight*를 찾는 것이다.

목표형 문제는 미래에 발생할 수 있는 문제로 미래에 필요한 것과 해야 할 것을 찾아서 실행하거나, 현재와 다른 대안을 찾는 것이다. 여기서 사용되는 분석 기법은 거시적 분석, 비즈니스 분석, CSF 분석과 같은 전략적 분석, 4차산업혁명과 ICT 트렌드 같은 미래 트렌드 분석 그리고 고객가치와 차별성 분석 등이다.

이것은 문제를 넓이 방향으로 넓게 분석하는 '분석적 사고'가 중요하다. 그래서 새로운 아이디어나 기획을 만들고 실행 가능한 다양한 시나리오를 개발하는 '창의적 사고'가 중요하고 나무보다는 숲을 보는 통합적이고 직관적인 접근법이 필요하다. 현재와 다른 대안을 찾기 위한 인사이트*Insight*와 포사이트*Foresight*를 찾는 것이다.

해결형 문제는 정답을 찾는 것이고, 목표형 문제는 가능한 최선의 답을 찾는 것으로 이해하면 된다.

| 작은 불만도 감지해내는 예리함 |

대부분의 사람들은 수단이나 솔루션을 먼저 연구하고 개발한다. 예를 들어 신선식품을 유통하고 배달하는 기업이라면, 신선식품을 산지로부터 구매하고 이것을 고객에게 전달하기까지 어떻게 신선도를 유지하고 원하는 시간에 정확히 배달할 수 있을지 수단과 방법을 고민하고 해결하려 한다.

하지만 아무리 좋은 수단과 솔루션을 개발해도 그것을 필요로 하는 고객과 시장이 없다면 그 비즈니스는 성공하기 어렵다. 기업이나 개인이나 다양한 문제들을 만난다. 그리고 문제가 정확히 무엇인지 정의하고 분석한다. 그런 후에는 문제를 해결할 수 있는 수단이나 솔루션을 찾고 개발한다. 열심히 개발하여 내놓은 상품이나 서비스는 시장과 고객들에게 외면당하고 해당 기업이나 스타트업은 문을 닫는다. 왜 이런 일들이 반복되고 있을까? 문제를 바라보고 분석하는 관점과 방향 때문이다. 즉 고정관념이 문제를 이해하고 분석하는 데 가장 큰 영향을 주기 때문이다.

마켓컬리는 기존에 존재하던 문제를 제거하는 해결형 문제를 통해 탄생한 회사다. 마켓컬리를 창업한 김슬아 대표는 평소에 식품을 구매하고 요리하는 경험에서 어젯밤 마트에서 구매한 생선을 아침에 요리하려고 냉장고에서 꺼냈더니 신선도가 몰라보게 떨어진 것을 확인하고, 이런 질문을 던졌다. '아침에도 바로 구매하여 신선도가 유지된 생선을 요리하여 먹을 수 없을까? 이것이 가능하려면 어떻게 해야 할까?' 이는 개인적인 차원에서의 질문들인데, 김 대표는 이와 같은 문제해결과 니즈 충족을 개인 차원에서 머물지 않고, 새로운 비즈니스 기회를 찾기 위해서 추가적으로 이런 질문을 던졌다. '나와 같은 생각이나 필요성을 가진 사람들이 얼마나 될까?', '이런 문제를 해결하는 서비스가 있다면 사람들이 돈을 내고 사용할까?'처럼 말이다. 주부들이 공통적으로 갖고 있는 아침 식사용 재료 마련에 대한 문제를 분석하고 연구했다.

이 질문들은 보다 구체적인 질문으로 발전되었고, 마침내 이런 질문을 던지게 되었다. '고객에게 더 좋고 신선한 식품을 제공하려면 어떻게 해야 할까?' 또한 고객이 원하는 시간에 물건을 받지 못하고 택배기사가 불규칙적인 시간에 방문하는 기존 택배 시스템의 문제점을 해결하기 위한 방법이 필요했다. 그래서 '고객이 기다림 없이 원하는 때에 상품을 받을 수 있는 시간은 언제일까?'라는 질문도 하게 되었다.

이처럼 기회란 누구도 관심이 없거나 보이지 않는 문제를 발견하기 위한 다양한 관점의 질문을 던지고, 그것을 효과적으로 해결하는 방법이나 솔루션을 만들어 실행하는 사람에게 온다. 마켓컬리가 존재하기 이전까지 가정에서 신선식품을 소비하는 방법은 집에서 가까운 마트에 가서 매장에 있는 식품을 구매하여 냉장고에 넣어 보관했다가 요리를 해 먹는 방식이 최선이었다. 아침 요리에 사용할 식품도 마트에서 저녁에 사서 10시간 정도는 냉장고 속에 넣어두었다가 사용해야 하므로, 신선도가 떨어질 수밖에 없었다.

| 이마트는 보지 못한 시장을 발견한 마켓컬리 |

국내에는 거대한 식품유통 회사들이 많다. 이마트, 롯데마트, 하나로 마트. 하지만 이들은 4차산업혁명 기술의 선도자도 아니고 트렌드를 리드하는 기업도 아니다. 매년 놀라운 성장을 하지도 못한다. 하지만 이들은 거대한 자본과 리소스를 갖고 전국 곳곳에 매장을 갖고 있는 공룡 기업들이다. 식품유통 시장은 이들이 지배하고 있어 포화 상태였다. 20년 전, 한때 세간의 관심과 인기로 성장세를 구가했던 총각네 야채가게가 있는데, 이들의 등장은 충격 그 자체였다. 젊은 총각이 맨몸으로 식품 유통에 뛰어들었고, 기존의 가게 운영 방식과 달리 새로운 시도를 실행했고, 소비자들의 관심과 호응은 구매로 이어져 빠르게 성장할 수 있었다. 자본 없이 톡톡 튀는 아이디어만으로 새로운 시장과 고객을 창출하는 대한민국 스타트업의 선두주자라 할 수 있었다.

그런데 이들의 위상이 지금은 어떤가? 동네에 작은 규모의 매장을 운영하며 명맥만 유지하는 상태에서 운영되고 있다. 필자는 강남의 중심가에 위치한 총각네 야채가게를 가끔 방문하여 식품을 구매하고 있다. 이 글을 쓰면서 총각네 야채가게가 어떤 방식으로 비즈니스를 하고 있는지 궁금해졌고 이런 궁금증을 해소할 수 있는 가장 빠르고 정확한 방법은 홈페이지를 분석하는 것이다. 그래서 가장 먼저 홈페이지를 방문했고 여기에 담긴 콘텐츠들은 디지털 기술이 전혀 융합되지 않은 방식이란 걸 확인했다. 그러면 혹시 모든 사람들이 편하게 사용하는 모바일앱은 있을까 하는 생각으로 꼬리에 꼬리를 무는 질문으로 확장됐다. 즉시 휴대폰을 켜고 구글플레이에 접속하여 총각네 야채가게 앱이 있는지 검색했다. 검색 결과 모바일 시대에 부합하는 앱도 없었다. 이들과의 접점은 오직 오프라인 가게가 전부였다. 필자의 눈에 들어온 매장의 첫인상은 실망과 놀라움이었다. 이들은 4차산업혁명 기술과 변화 트렌드를 의도적으로 거부하는 것처럼 보였다. 총각네 야채가게를 언급한 것에 대해 자칫 오해가 있을 수 있어 분명히 밝히려 한다. 필자는 이 가게에서 판매하는 식품의 질이나 신선도에 문제를 제기하는 게 아니고, 비즈니스 모델과 운영 방식에 대한 아쉬움으로 문제를 제기한 것이다. 최근에도 자주 이 가게를 방문하여 여러 식품들을 구매하여 맛있는 식사를 하고 있다.

시장의 지배구조 형태가 변하지 않고 변화의 소용돌이 밖에서 시장을 지배하던 기업들에게 4차산업혁명 기술은 거대한 충격을 주면서 새로운 변화가 시작됐다. 과거에는 자본과 자원 그리고 시장과 고객을 보유하지 못하면 기업의 존재는 불가능한 환경이었다. 특히 새로운 진입자들이 기존 시장에 진입하는 건 꿈도 꿀 수 없었다. 그런데 자본도 없고 인력도 없고, 해당 분야에서 단 한 번도 플레이 해 보지도 못한 조그만 스타트업들이 이들 시장의 새로운 강자로 급격히 부상했다. 이들은 한 개인의 아이디어와 도전정신 그리고 자신의 목표를 실현하고자 하는 강한 열정만 가지고 거대 공룡이 지배하는 시장에 뛰어들었다. 이런 스타트업들은, 시장과 고객의 변화된 소비 형태를 관심과 호기심으로 관찰하여 문제와 불편을 발견하고, 이를 새로운 관점으로 바라보고 분석하여 고객의 문제와 불편을 해결하는 기발한 솔루션을 개발하는 능력과 빠른 실행력을 원동력으로 삼아 새로운 시도를 할 수 있었다. 작은 문제를 찾고 이것을 효과적으로 해결할 수 있는 아이디어를 개발하여 작은 규모로 빠르게 시작할 수 있는 무기 하나로 거대 공룡 시장에 도전장을 내밀어 성공 스토리를 쓰고 있다.

마켓컬리도 대기업이 지배하는 시장에서 살아남으려면 이들처럼 해서는 불가능하고 이들과 다르게 차별화된 전략이 필요했기에, 기존과는 전혀 다른 관점과 방향의 질문을 통해서 차별화된 솔루션을 찾은 것이다. 대기업이 운영하는 대형마트는 가능하면 많은 상품을 가장 저렴하게 파는 경쟁으로 승부했다. 하지만 자본도 없고 공급사와의 네트워크도 없고, 유통·매장도 없는 마켓컬리는 경쟁자처럼 할 수도 없었고 해서는 안됐다. 사람이나 기업이나 가진 것이 어느 정도 있을 때는 그것을 잃지 않으려고 소극적이고 방어적인 전략을 취한다. 이에 반해서 아무것도 없기에 지킬 것이 하나도 없던 마켓컬리는 창의적이고 기발한 질문들을 던지고 솔루션을 찾기 시작했다.

신선식품 판매를 유통업이 아니고, 서비스업으로 자리매김하고 접근했다. 유통업은 원가절감, 비용축소, 대량판매 등으로 수익을 만든다. 그래서 최고의 가치는 돈이다. 하지만 서비스업은 고객을 만족시키는 것이고, 최고의 가치는 고객을 만족시키는 고객가치다. 신선식품을 구매하는 최고의 고객가치는 무엇일까? 그것은 구매를 원하는 식품이 가장 신선한 상태로 수령하기 편리한 시간에 배송되는 것이다. 이런 고객가치를 실현하려면 기존의 접근 방식과 배송 시스템으로는 불가능했다. 그래서 마켓컬리는 온라인 마켓에서 신선식품을 사 먹기 어려운 문제가 무엇인지 분석했다. 이들이 발견한 문제는 크게 세 가지로 첫 번째는 식품을 생산하는 농장에서 고객의 식탁까지 이동하는 데 너무 많은 시간이 걸리는 것이었다. 두 번째는 식품을 배송하는 과정에서 신선도가 떨어지는 것이었다. 세 번째는 고객들이 주문한 식품을 수령하는 시간이 들쭉날쭉하여 불편하다는 것이었다. 그래서 이런 세 가지 문제를 동시에 해결하는 기발한 솔루션이 필요했고, 찾은 문제해결의 솔루션은 식품의 품질 유지, 적절한 재고관리 그리고 빠르고 효과적인 배송이었다. 마켓컬리는 모든 식품을 생산자로부터 직접 사입하여 물류창고에 보관하였다가, 새벽 배송으로 고객의 문 앞에 놓아둔다. 주부들은 아침에 일어나서 문 앞에 배송된 가장 신선한 상태의 식품으로 바로 조리하면 된다.

이런 서비스가 있기 전까지 주부들은 필요한 식품을 사려면 반드시 부부나 가족들이 함께 차를 타고 마트로 가서 복잡한 주차장에 자리를 찾아 주차하고, 카트를 끌고 넓은 마트를 여기저기 다니면서 장을 봐야 했다. 한때 이런 구매 행동은 무더운 여름 피서를 겸하는 수단이었고, 추운 겨울에 따뜻한 실내에서 운동을 겸하는 것이었다. 당시에는 지금처럼 멋지고 예쁜 카페도 없었고, 여유로운 저녁이나 주말 시간을 보낼 만한 장소가 흔하지도 않았다. 하지만 지금은 마트에서 장을 보는 것이 노동이고 스트레스다. 대형마트에서 물품을 가득 실은 카트를 끌고 항상 수많은 사람들 사이로 이동하는 것도 힘들고, 가벼운 접촉으로 얼굴을 붉히는 일도 일어난다. 마트를 1~2시간 다니는 것도 힘든데, 구매한 물건들을 주차장까지 이동하여 트렁크에 옮기고, 집으로 와서는 지하 주차장에서 집까지 다시 물건들을 꺼내어 옮기는 것도 노동이다. 그런데 이것으로 끝나는 게 아니고, 물건들을 분류하여 냉장고와 수납장 등 여기저기에 넣어야 한다. 그리고 잠시 한숨 돌리는 휴식을 취할 겨를도 없이, 허겁지겁 식사 준비를 시작해야 한다. 이렇게 시간을 보내며 정신과 육체가 모두 지치다 보니 정작 가족과의 즐거운 식사시간이 지옥같이 느껴진다. 이것이 우리 엄마와 주부들의 일상이었다. 그나마 전업주부라면 덜할 텐데, 워

킹맘이라면 장보기와 식사 준비가 회사생활보다 더 힘들고 엄청난 스트레스일 것이다. 그런데 편안하게 책상 앞에 앉아서 또는 푹신한 소파에서 스마트폰을 가지고 온라인이나 앱에서 장보기로 원하는 식품을 구매하면, 새벽에 집 앞까지 배송해 주는 서비스가 있다면, 어느 주부가 이것을 마다하고 마트에 가겠는가 말이다.

| '미친 생각'이 벌어온 380억 달러 |

우리들이 직면하는 문제에도 크기와 난이도가 있다. 작고 난이도가 낮은 문제는 쉽게 해결할 수 있지만, 크고 난이도가 높은 문제는 해결하는 데 수많은 노력과 시간, 시행착오, 실패 등이 뒤따른다. 아무리 여러 번 시도해도 좀처럼 풀리지 않는 문제라면 어떻게 해야 할까? 왜 여러 번 시도했는데도 불구하고 문제가 풀리지 않는 걸까?

이것에 대한 답은 다양하겠지만, 이전에 시도했던 것과 비슷한 방법과 아이디어로 문제를 풀려고 했기 때문이라는 게 필자의 생각이다. 또 하나는 실패로 보이는 결과들이 진짜 실패가 아니고 성공에 도달하기 위해 당연히 거쳐야 하는 중간 과정이라는 것이다. 이런 중간 과정을 거치지 않으면, 결코 마지막 성공에 이를 수 없다는 말이기도 하다.

세상에 알려진 문제해결의 성공 사례들을 분석해 보면, 풀리지 않던 문제를 해결하게 만든 결정적인 아이디어는 주변 사람들로부터 미쳤거나 말도 안 되는 아이디어라 무시당했던 것이 대부분이었다. 그런데 이처럼 자신의 생각과 아이디어가 무시를 당했음에도 포기하지 않고 수많은 시도들을 끝까지 해내어 문제를 해결하는 사람들이 있다. 이들이 성공한 이유는 천재적인 두뇌를 가져서가 아니고, 남들과 다른 방식과 인내로 문제에 접근하고 문제와 싸웠기 때문이었다.

과거에는 암에 걸리면 방사선 치료를 해도 생존할 확률보다 사망할 확률이 더 높았다. 그래서 암세포의 전이와 확산을 방지하기 위한 문제해결은 의사와 약사들에게 큰 시련이고 도전이었다. 1971년, 암세포가 주변 조직을 속이는 신호를 보냄으로써 쉽게 자라기 때문에 이 신호를 차단하여 암세포와 주변 숙주와의 연결 고리를 끊으면 암 치료가 된다는 주다 포크먼의 가설이 발표되기 전까지, 유일한 암 치료 방법은 화학요법으로 환자가 죽지 않을 정도 내에서 암세포에 최대한 많은 독을 투입하는 것이었다.

의학계에서 포크먼의 주장은 미친 사람의 생각으로 취급받았다. 게다가 그는 이런 초기 가설을 증명하는 단계에서 수차례 실패했고 그렇게 30년의 세월이 흘렀다. 그러는 동안 포크먼은 학계와 과학자로부터 치욕적인 조롱과 멸시를 받았는데 거기에는 그가 종양과는 거리가 먼 소아과 의사라는 것도 한몫했다. 이런 상황에서 포크먼이 포기하지 않도록 활력 엔진을 달아준 것은 아내였다. 그래서 그는 소아과 의사직을 버리고 전업 연구자가 되어 자신의 초기 가설을 증명하는 데 모든 것을 걸었다.

그로부터 32년이 지난 2003년 6월 1일 시카고의 한 컨벤션센터에서 종양 학자인 허버트 허위츠 박사는 포크만의 아이디어로 만든 항암 치료제 '아바스틴'을 발표했다. 813명의 임상시험을 거쳐 대장암 환자에게 생명 연장 효과가 있음을 확인했고 FDA 승인을 받아 '제넨테크'라는 제약 회사에서 개발했는데, 이로 인해 이 회사의 가치는 380억 달러가 증가했다.

『룬샷』의 저자인 샤피 바칼은 세상에 빛을 가져다준 놀라운 문제해결의 성공 비결을 설명했는데 이것을 정리하면 첫째, 문제해결 과정에서 만나는 가짜실패*False Fail*를 분석하고 극복하는 것과 둘째, 무모하고 황당해 보이는 아이디어의 미래 가치를 직감하고 이것을 옹호하고 지원하는 아이디어 수호자를 만나는 것이다. 가짜실패는 아이디어를 검증하고 증명하는 것이 실패한 결과로 나타났을 때 실패의 원인을 검증이나 증명 과정의 잘못이나 실수로 보지 않고, 초기 아이디어 자체가 잘못된 것으로 여기고 그 아이디어를 폐기하고 포기하는 것이다. 이것은 마치 전설에 나오는 것처럼, 황금 섬이 있다는 이야기를 듣고 한 선장이 항해에 나서 거친 파도와 풍랑을 이기고 한 곳에 도착했더니, 그 섬에는 단 한 개의 황금도 없었고 황금 섬은 세상에 아예 존재하지 않는다고 무시하고 포기하는 것과 같은 것이다. 항해에 실패한 이유는, 선장이 잘못된 방향으로 항해해서 발견하지 못한 것인데도 불구하고 자신의 항해는 옳았고 황금 섬의 존재 자체가 거짓이라고 치부하는 가짜실패의 덫에 빠졌기 때문이다. 가짜실패의 함정에서 살아남으려면 가짜실패를 철저히 분석하고 정확한 실패 원인이 무엇인지 찾아야 한다.

포크만은 32년 동안 세 번의 가짜실패를 경험했는데, 신약개발에서 연구와 약품개발 그리고 임상시험의 가짜실패의 결과와 실체를 확인하는 데 7년이 걸리는 지루하고 긴 여정을 극복했다. 한편 발명왕 에디슨이 전구를 개발하는 데 1,000번 이상의 실패를 했다고 하는데, 그도 천 번의 가짜실패를 만난 셈이었고 그때마다 가짜실패의 원인을 철저히 분석하고 극복하여 포기하지 않은 결과로 전구를 발명했다.

여러분도 기발한 아이디어를 생각해내고 그것을 성공적인 결과물로 만드는 과정에서 수많은 가짜실패의 덫에 빠질 것이다. 그럴 때마다 포기하지 말고 가짜실패의 근본적 원인을 분석하여 거기서 빠져나와서 다시 도전해야 한다. 이것이 바로 성공적인 문제해결의 비결이다.

4

문제해결에도
기술이 있다

| 항해를 하려면 지도가 필요하듯이 |

운동선수가 경기력을 향상하려면 오랜 기간 동안 부단한 노력과 연습을 하여 스킬을 업그레이드해야 한다. 그래서 몸의 모든 근육들이 생각이나 의도와 함께 반응하고 움직여야 한다. 마찬가지로 문제해결 능력을 키우려면 뇌 근육을 훈련하고 키워야 한다. 문제해결도 다양한 문제를 대상으로 체계적으로 해결한 경험과 사례를 많이 가진 사람이 더 잘하는 게 당연하다. 그런데 뇌 훈련을 할 때 마구잡이로 하기보다는 체계적이고 과학적이며 프로세스 중심적인 방법으로 적절한 문제해결 도구들을 이용하는 게 필요하다.

필자는 30년 이상 사회생활을 하면서 현대자동차와 General Electric

그리고 직접 창업한 8개 회사를 경영하고 컨설팅하면서 수많은 문제들을 만났고 이것들을 해결해 나가는 과정을 경험했다. 그리고 마침내 가장 간단하고도 효과적인 문제해결 방법론을 연구하여 개발했다. 그것이 바로 여기서 소개하는 "2A4 문제해결"이다. A4 용지 2장으로 구성된 템플릿과 프로세스, 도구와 체크리스트, 문제해결 싱킹 그리고 문제해결 리포트 등 6가지로 구성된다.

1. 2A4 Problem Solving Process ©
2. 2A4 Problem Solving Templates ©
3. 2A4 Problem Solving Tools ©
4. 2A4 Problem Solving Checklist ©
5. 2A4 Problem Solving Reporting ©
6. 2A4 Problem Solving Thinking ©

| A4 종이 2장이 부르는 마법 |

2A4 프로세스_Process_는 6단계로 진행된다.

- 1단계 – 문제해결의 목적과 목표를 설정하기
- 2단계 – 증상과 문제를 정의하기

- 3단계 – 문제와 원인을 분석하기
- 4단계 – 솔루션 개발하기
- 5단계 – 액션플랜 실행하기
- 6단계 – 결과와 향후 계획 리뷰하기

앞의 세 단계는 문제에 관한 것이고, 나머지 세 단계는 해결에 대한 것이다. 2A4 도구들은 단계에 따라 적절한 도구들이 사용되는데, 다음 그림과 같이 정리된다.

		도구(Tools)		
1. Identify	Objective & Goal	1. B/S(브레인스토밍)		
		2. B/W(브레인라이팅)		
2. Define	Symptom & Problem	1. B/S(브레인스토밍)	3. 카테고리법	
		2. B/W(브레인라이팅)	4. MECE	5. Dot Voting
3. Analyze	Problem & Root Cause	1. B/S(브레인스토밍)	3. 5 Why	
		2. B/W(브레인라이팅)	4. Dot Voting	
4. Develop	Solution	1. B/S(브레인스토밍)	3. Pay-off Matrix	
		2. B/W(브레인라이팅)	4. Dot Voting	
5. Execute	Action Plan	1. B/S(브레인스토밍)	3. What-How-When-Who 차트	
		2. B/W(브레인라이팅)		
6. Review	Results & Future Action	1. B/S(브레인스토밍)		
		2. B/W(브레인라이팅)		

2A4 체크리스트*Checklist*는 6단계에 따라 문제해결 과정이 제대로 진행되는지 확인할 수 있는 총 51개의 질문들로 구성되는데, 각각의 질문에 대해 답하고 확인하는 과정을 통해 문제해결이 다음 단계를 향해 제대로 나아가고 있는지 점검하는 기능을 한다. 2A4 템플릿 *Templates*은 앞에서 설명한 모든 것들을 A4 용지 2장으로 종합했는데 2A4의 프로세스, 도구, 체크리스트, 리포팅, 싱킹 등을 모두 담고 있다. 그래서 문제해결을 할 때, 2A4 템플릿을 가지고 단계적으로 문제를 분석하고 진행하면 된다.

2A4 문제해결 Process별 Checklists

1. Identify
Objective & Goal

1) 회사나 조직이 추구하는 비전, 미션, 핵심가치, 전략을 정렬시켰는가?
2) 목표는 고객가치제안과 연계했는가?
3) KSF는 정확히 도출됐는가?
4) KSF별로 목표나 기대 결과는 SMART 하게 설정했는가?
5) 목표 달성 여부를 확인할 수 있는 Metric(측정지표)를 결정했는가?
6) 부서 이기주의나 지엽적이 아닌, 회사 전체와 연계된 목표를 설정했는가?

2. Define
Symptom & Problem

1) 증상으로 야기되는 문제까지 정의했는가?
2) 중복되거나 누락된 것은 없는가(MECE)?
3) 내부와 외부 요인의 문제를 균형 있게 다루었는가?
4) 다양한 카테고리를 정의했는가?
5) 문제에 대해 다른 관점이나 방향으로 도출했는가?
6) 도출된 의견이나 문제에 대해 도전적인 질문들을 했는가?
7) 본인이 소속된 부서나 팀의 문제점도 솔직히 찾았는가?
8) 아이디어를 발산하고 나서, 핵심문제로 수렴했는가?
9) 문제의 주체와 객체를 명확히 서술했는가?
10) 문제가 영향을 주는 범위와 파장, 빈도를 정의했는가?
11) 단어가 아닌 문장으로 서술했는가? (문제서술문)

3. Analyze Problem & Root Cause	1) 원인과 결과가 논리적으로 인과관계가 되도록 구조화했는가? 2) 중복되거나 누락된 것은 없는가(MECE)? 3) 내부와 외부 요인의 원인을 균형 있게 다루었는가? 4) 다양한 카테고리를 다루었는가? 5) 원인에 대해 다른 관점이나 방향으로 도출했는가? 6) 도출된 의견이나 원인에 대해 도전적인 질문들을 했는가? 7) 폭과 깊이 방향 모두 균형 있게 분석했는가? 8) 본인이 소속된 부서나 팀의 원인도 솔직히 찾았는가? 9) 아이디어를 발산하고 나서, 핵심원인으로 수렴했는가?
4. Develop Solution	1) 개인이 아닌 조직 차원에서 페이오프-매트릭스의 실행성과 효과성을 객관적 으로 평가했는가? 2) 솔루션의 실행 주체가 자신이 되더라도 공정하게 평가했는가? 3) 다양한 카테고리를 다루었는가? 4) 솔루션 개발이나 평가 시, 개인이나 부서 이기주의에 매몰되지는 않았는가? 5) 아이디어를 발산하고 나서, 핵심 솔루션으로 수렴했는가?
5. Execute Action Plan	1) 단계별 액티비티는 누구라도 쉽게 이해되도록 세분화하고 구체화했는가? 2) 액티비티의 실행 주체가 자신이 되더라도 솔직하게 도출했는가? 3) 담당자는 가장 적합한 사람으로 선정했는가? 4) 담당자가 실행에 필요한 것이 최대한 지원되는가? 5) 이정표(마일스톤)를 활용하여 시각적으로 나타냈는가?
6. Review Results & Future Action	1) 목표 대비 결과를 Metric(측정지표)로 비교했는가? 2) 실행 전과 후의 비교를 수치화했는가? 3) 표준화와 시스템화를 고려했는가? 4) 실행 결과 효과적이라 판단되는 방법론이나 프로세스를 전 사나 다른 부서와 공유했는가? 5) 자료를 DB화하고 관리하는가?

1단계 Identify에서 사용하는 질문은 다음과 같다.

1) 회사나 조직이 추구하는 비전, 미션, 핵심가치, 전략을 정렬시켰는가?

2) 목표는 고객가치제안과 연계했는가?

3) KSF는 정확히 도출됐는가?

4) KSF별로 목표나 기대 결과는 SMART 하게 설정했는가?

5) 목표 달성 여부를 확인할 수 있는 Metric(측정지표)를 결정했는가?

6) 부서 이기주의나 지엽적이 아닌, 회사 전체와 연계된 목표를 설정했는가?

2단계 Define에서 사용하는 질문은 다음과 같다.

1) 증상으로 야기되는 문제까지 정의했는가?

2) 중복되거나 누락된 것은 없는가(MECE)?

3) 내부와 외부 요인의 문제를 균형 있게 다루었는가?

4) 다양한 카테고리를 정의했는가?

5) 문제에 대해 다른 관점이나 방향으로 도출했는가?

6) 도출된 의견이나 문제에 대해 도전적인 질문들을 했는가?

7) 본인이 소속된 부서나 팀의 문제점도 솔직히 찾았는가?

8) 아이디어를 발산하고 나서, 핵심문제로 수렴했는가?

9) 문제의 주체와 객체를 명확히 서술했는가?

10) 문제가 영향을 주는 범위와 파장, 빈도를 정의했는가?

11) 단어가 아닌 문장으로 서술했는가? (문제서술문)

3단계 Analyze에서 사용하는 질문은 다음과 같다.

1) 원인과 결과가 논리적으로 인과관계가 되도록 구조화했는가?

2) 중복되거나 누락된 것은 없는가(MECE)?

3) 내부와 외부 요인의 원인을 균형 있게 다루었는가?

4) 다양한 카테고리를 다루었는가?

5) 원인에 대해 다른 관점이나 방향으로 도출했는가?

6) 도출된 의견이나 원인에 대해 도전적인 질문들을 했는가?

7) 폭과 깊이 방향 모두 균형 있게 분석했는가?

8) 본인이 소속된 부서나 팀의 원인도 솔직히 찾았는가?

9) 아이디어를 발산하고 나서, 핵심원인으로 수렴했는가?

4단계 Develop에서 사용하는 질문은 다음과 같다.

1) 개인이 아닌 조직 차원에서 페이오프-매트릭스의 실행성과 효과성을 객관
   적으로 평가했는가?

2) 솔루션의 실행 주체가 자신이 되더라도 공정하게 평가했는가?

3) 다양한 카테고리를 다루었는가?

4) 솔루션 개발이나 평가 시, 개인이나 부서 이기주의에 매몰되지는 않았는가?

5) 아이디어를 발산하고 나서, 핵심 솔루션으로 수렴했는가?

5단계 Execute에서 사용하는 질문은 다음과 같다.

1) 단계별 액티비티는 누구라도 쉽게 이해되도록 세분화하고 구체화했는가?

2) 액티비티의 실행 주체가 자신이 되더라도 솔직하게 도출했는가?

3) 담당자는 가장 적합한 사람으로 선정했는가?

4) 담당자가 실행에 필요한 것이 최대한 지원되는가?

5) 이정표(마일스톤)를 활용하여 시각적으로 나타냈는가?

6단계 Review에서 사용하는 질문은 다음과 같다.

1) 목표 대비 결과를 Metric(측정지표)로 비교했는가?

2) 실행 전과 후의 비교를 수치화했는가?

3) 표준화와 시스템화를 고려했는가?

4) 실행 결과 효과적이라 판단되는 방법론이나 프로세스를 전 사나 다른 부서
   와 공유했는가?

5) 자료를 DB화하고 관리하는가?

A4 2장으로 구성된 템플릿은 문제의 정의와 분석에 초점을 둔 전반부와 문제의 해결책과 실행에 초점을 둔 후반부로 구성된다. 그래서 다음의 샘플을 보면 한쪽은 문제, 다른 한쪽은 해결에 관한 내용이 담겨 있으며, 문제를 정의하고 분석하기 위한 방법으로 다양한 질문들이 사용되고, 해결책과 실행을 위한 방법으로 아하*Aha!*와 같은 창의력 있는 아이디어가 사용된다.

주제 (과제) :　　　　　　　　　작성자:　　　　작성일:

목적(배경) Objectives

E

I

*** INEX View Approach (2중 관점 접근법) © : I Internal View & E External View

목표 / 기대결과 Goal & Expecting Results

E

I

Metric

증상 + 문제 Symptoms + Problems

E

I

N/C/R　O/L　T/F/?

☐ ☐ ☐
☐ ☐ ☐
☐ ☐ ☐

☐ ☐ ☐
☐ ☐ ☐
☐ ☐ ☐

*** **New** / **Continue** / **Repeat**　　**Overall** / **Local**　　**True** / **False** / **?**

원인 Root Cause

E

I

솔루션 Solution

E

I

액션플랜 Action Plan

Problem / Goal	What	How	When	Who	Support

Milestone (이정표)

$$\bullet \longrightarrow$$

실행 결과 Results

E

I

향후 실행 Future Action

E

I

*** INEX View Approach (2중 관점 접근법) © : I Internal View & E External View

1장 어떤 상황에서든 최고의 성과를 내는 조직

문제해결을 위한 첫 단계는 문제해결의 목적과 배경을 명확히 선정하는 것이다. 그래야 문제해결에 참여하는 관계자들이 공유하여 집중할 수 있다. 문제해결을 효과적으로 하려면 문제와 해결에 두 가지 관점으로 접근해야 하는데, 내부적 관점*Internal View*과 외부적 관점 *External View*이다. 그래서 문제해결의 목적도 두 가지 관점으로 선정하면 된다.

이어서 목표와 문제해결을 통해서 얻을 수 있는 기대 결과를 구체적으로 선정하는데, 이때에도 목표와 결과를 핵심성공요인*KSF, Key Success Factor*으로 서술한다. 기대 결과가 제대로 얻어졌는지 평가하기 위한 평가기준*Metric*도 미리 정하면 나중에 공정하고 객관적인 평가에 도움이 된다.

다음은 문제를 정의하고 분석하는 단계인데, 어떤 문제가 있는지 정의할 때 증상*Symptom*을 문제*Problem*와 구분하지 못하는 경우가 많은데, 증상은 나타난 현상이고 문제는 증상으로 인하여 발생하는 결과를 의미한다. 따라서 문제는 증상이 해결되지 못하는 경우에 나타나는 파장이다. 증상만 정의하거나 분석하는 데 머물지 말고, 결과로 나타나는 문제까지 정의하고 분석해야 한다.

문제를 정의할 때 문제를 야기하는 주체*Owner*가 누구인지 상사*Boss*, 직원*Employee*, 시스템*System*으로 구분하고, 문제의 발생 시기가 최근에 새롭게*New* 나타난 것인지 과거에 발생한 문제가 아직도 해결되지 못하고 지금까지 지속된*Continue* 것인지, 문제가 나타났다가 사라지거나 잠복했다가 또다시 나타나기를 반복한*Repeat* 것인지 구분하고, 문제가 조식이나 회사 전체*Overall*의 문제인지 아니면 국소적*Local*인지 구분하고, 문제로 정의한 것이 사실*True*인지 거짓*False*인지 구분한다. 이렇게 몇 가지 분야에 대해 상세히 정의하고 분석하면 문제가 얼마나 크고 심각한지 문제해결의 주체가 누가 되어야 하는지 등 전반적인 문제를 입체적으로 바라보고 접근할 수 있게 된다. 물론 문제도 내부적인 것과 외부적인 것으로 구분해야 한다.

문제해결의 걸림돌이나 실패는 문제만 해결하려고 했지 정작 문제 발생의 원인을 찾아서 해결하지 못하기 때문이다. 따라서 문제 분석을 하고 나면 반드시 문제 발생의 원인을 분석해야 한다. 원인 분석과 문제 분석은 같은 방법으로 진행한다. 여기까지가 2A4 문제해결 양식의 전반부로 문제에 초점을 맞춘다.

이어서 솔루션에 초점을 맞춘 두 번째 양식을 살펴보자. 솔루션은 문제 발생의 원인을 분석하여 이것을 없애거나 해결하는 아이디어나 방안을 말한다. 솔루션과 내부적 관점과 외부적 관점의 접근으로 찾는다. 가장 효과적이고 좋은 솔루션을 찾았으면 이것을 실행해야 문제는 해결되고 목표와 기대 결과를 얻을 수 있다. 따라서 솔루션을 어떻게 실행할 것인지 실행계획(액션플랜)을 만들어야 한다. 실행계획에는 해당되는 문제를 정의하고 그것을 어떤 솔루션*What*으로 어떻게

How, 언제까지*When*, 누가*Who* 실행할 것인지 구체화한다.

실행을 위해서 지원이나 도움이 필요하다면 마지막 지원*Support* 칸에 그 내용을 서술한다. 실행계획이 만들어지면, 이것을 시기별로 언제 무엇을 달성할 것인지 예상되는 이정표*Milestone*를 만든다. 일정 기간 동안 실행을 하고 나서, 실행 결과를 분석하는 게 다음 단계다. 실행 결과가 나오면 이것을 분석하고 점검하여 보완하거나 추가적으로 실행할 향후 실행*Future Action*을 만든다.

기발한 아이디어를 어떻게 찾을 수 있을까? 단지 열심히 아이디어 찾기를 시도하면 놀라운 아이디어가 머릿속에서 불쑥 튀어나올까? 기발한 아이디어는 의지가 있다고 그냥 나오는 게 아니다. 단계별로 체계적인 접근 방식을 사용하거나, 여러 방향의 관점으로 질문을 던져야 한다. 때로는 야구 영화인 〈머니볼〉처럼 다른 사람의 의견이나 아이디어에 귀를 기울이고 심사숙고하는 것도 필요하다.

많은 상사나 리더들은 자신이 해당 분야에서 경험이 많아 최고 전문가라고 자신하면서 다른 사람의 의견을 무시하거나 외면한다. 그러면 자신이 갖고 있는 고정관념이나 상자 안 사고에서 벗어나지 못한 채 문제해결에 실패한다.

2A4 문제해결 방법론은 대기업과 다국적 기업 고객사를 대상으로 수많은 교육과 컨설팅을 하면서 효과성이 이미 검증된 방법이다. 만약에 여러분이 그동안 문제해결에 많은 어려움을 겪었고, 보다 효과

적이고 체계적인 문제해결 방법이 필요하다면 2A4 문제해결 방식을 강력히 추천한다.

| 당신의 조직은 어떤 사고법을 사용하고 있는가 |

대부분의 사람들은 업무를 할 때, 나름대로 노력하여 만든 결과물이 나오면 거기에 만족하고 안주한다. 개선하거나 발전시키려는 노력을 중지한다. 그런데 이런 방식으로는 경쟁력을 가지는 상품이나 신기술 같은 결과물을 얻기 어렵다. 그래서 창의적 사고는 좋은 것, 괜찮은 것을 거부하는 것이기도 하다. 짐 콜린스는 그의 저서 『Good to Great』에서 좋은 것은 위대한 것으로 가는 방해물이라 강조했다. 좋은 것에 안주하다 보면 더 이상의 발전이나 혁신을 중단하고 현재 상태에 만족하고 머물기에, 위대한 것으로 발전되지 못함을 지적한 것이다. 물론 좋은 것에서 안주하지 않고 위대한 것으로 나아가겠다는 의지만 가지고는 위대한 것을 성취할 수 없다. 의지와 함께 성취할 수 있는 창의성과 실행력이 동반되어야 한다. 그래서 창의적 사고는 매우 중요한데, 창의적 사고는 선천적일 수도 있지만, 후천적으로 교육과 훈련에 의해 상당 수준까지 발전시킬 수 있다. 문제를 창의적으로 해결하는 사고 방법은 아직 체계화되지 못한 상태이다. 몇 가지 이런저런 이론들이 존재하는데, 필자가 이것을 15가지로 정리하고 체계화했다.

1) 입체적 사고법

입체적 사고법은 어떤 주제나 사물을 서로 다른 요소나 관계에 두고, 문제를 다양한 각도(방향), 요소 등 다양한 관점으로 바라보는 사고법이다. 개인이 가지고 있는 고정관념에 매몰되지 않고 스스로 생각해내는 관점이나 다른 사람의 의견을 경청하고 참고하는 것과 같은 또 다른 방법을 통해 새로운 생각을 만드는 것이다.

2) 논리적 사고법

자신의 생각이나 주장이 어느 누가 들어도 객관적인 근거가 있어 타당하고 납득할 수 있다고 느낄 수 있으며, 그에 대한 논리적 근거 역시 적절하게 마련하는 사고법이다. 이를 위해서는 주제와 문제에 대해 명확하고 구체적인 개념과 판단 등을 이용해 의견을 정립하고, 일정한 방향과 원칙에 따라 객관적인 근거를 세워 전후 의견이나 아이디어 간의 논리적 연결성을 갖게 만든다.

3) 비판적 사고법

비판적 사고법이란 상대방의 생각이나 주장을 듣고 정반대로 말하거나, 관점을 바꾸어 말하거나 생각하는 사고법이다. 누군가가 제기한 아이디어나 주장 등에 대하여 정확하고 지속적이고 객관적인 분석을 거쳐, 그것의 정확성, 타당성, 기치성(공동의 가치를 기준)을 판단하는 것은 물론, 상대의 주장에 간과하거나 놓친 부분이 있는지를 살펴보기 위해서 정반대로 생각하거나 다른 방향이나 관점으로 바꿔서 생각하는 사고법이다. 비판적 사고법이 타당성과 설득력을 가지려면 논리적 사고가 기반이 되어야 한다.

4) 질문 사고법

상대방 아이디어나 의견에 대해 질문을 통해 본인의 주장에 대한 방향성을 설정하고 구체화하며, 동시에 질문으로 상대방 의견의 방향성을 확인하거나 동조, 반박, 의문제기 등의 행동을 통해 상호 의견의 합의점 및 새롭고 기발한 아이디어를 찾는 사고법이다. 질문의 방향과 내용이 다양할수록 아이디어는 더욱 풍성해지고 확장된다. 질문은 주제나 대상과 항상 정합성을 이루는 것만 사용해야 하는 것이 아니고, 때로는 전혀 무관하거나 엉뚱한 방향의 질문을 던지는 것이 의외의 결과를 얻는 창의성으로 연결된다.

5) 지렛대 사고법

주제에 대한 본인의 생각이나 주장을 바탕으로 다른 사람의 생각이나 주장을 밑바탕으로 활용해서 자신이 가진 아이디어를 더하여 두 개의 합보다 더 큰 아이디어를 찾아내는 사고법이다. 거인보다 더 커지는 방법은 거인의 어깨 위에 올라서는 것인데, 지렛대 사고법이 거인의 어깨 위에 올라서는 효과를 준다. 즉 다른 사람의 탁월한 아이디어를 기반으로 여기에 자신의 아이디어를 추가하면 처음 아이디어보다 더 좋은 결과를 얻을 수 있다.

6) 상자 밖 사고법

자신이 평소에 가지고 있는 고정관념이나 편향된 생각에서 벗어나기 위한 사고법이다. 마치 상자 안에 갇혀 있는 경우, 상자 안에서의 시각과 관점 외에는 달리 볼 수가 없지만 상자 밖으로 나와서 상자를 바라본다면 미처 생각하지 못한 관점이나 방향의 아이디어를 볼 수 있다. 상자 밖 사고를 하려면 자신의 머릿속에 이미 가지고 있는 주관적 생각이나 고정된 생각에서 벗어나 보다 객관적이거나 유연한 사고를 하는 것이 필요하다. 특히 상자 밖 사고의 장점은 대다수 사람들이 집단사고를 하면서 빠지기 쉬운 군중심리 같은 함정에 매몰되지 않기 위해 입체적 혹은 비판적 사고를 하도록 만든다.

7) 프레임워크 사고법

프레임워크의 사전적 의미는 틀로서 이미 만들어진 양식이나 템플럿을 말한다. 프레임워크 사고법은 고정관점에서 벗어나 다양한 가능성이나 생각을 돕는 여러 가지 양식이나 템플릿을 활용하여 생각을 이끌어 내는 사고법이다. 따라서 프레임워크 사고법을 잘 사용하려면 다양한 양식이나 템플릿을 알고 있고, 그것들을 어디에 어떤 용도로 사용하는지도 잘 알고 있어야 한다. 프레임워크의 예로, 전략 분석에서 자주 사용하는 양식인 TEPS분석(기술, 경제, 정치, 사회 등 네 가지 분야에 대한 거시적 환경을 분석하는 도구), SWOT분석(강점, 약점, 기회 및 위협 요인을 분석), CSF분석(핵심성공요인 분석) 등 약 200여 가지의 양식들이 있다. 주로 사용되는 것은 용도에 따라 다르지만, 대개는 약 30가지 정도면 충분하다.

8) 카테고리 사고법(MECE 사고법)

여러 사람들이 모여서 아이디어나 의견을 도출하다 보면 개수가 많아지지만, 그것들을 비슷한 영역으로 분류해 보면 어느 한 분류로 몰리는 경향이 있어, 전체 영역에 대한 아이디어를 골고루 얻지 못하는 경우가 많다. 따라서 다양하게 도출된 의견이나 아이디어가 서로 중복되지도 않고 누락되지도 않게 하는 것이 카테고리 사고법이다. 이것은 MECE 사고법으로 불리기도 하는데 Mutually Exclusive Collectively Exhaustive의 약자다. 독립적인 영역이나 분야(카테고리)로 구분하여 생각하는 법으로, MECE한 아이디어를 만들려면 크게 두 가지 방법이 있다. 하나는 아이디어를 도출하기 전에 미리 필요한 카테고리를 정하고 각각에 해당되는 아이디어를 찾는 것이고, 다른 하나는 카테고리를 정하지 않고 생각나는 대로 아이디어를 도출하고 나서 마지막에 모든 아이디어를 카테고리로 분류하여 누락된 카테고리에 대한 아이디어를 추가하면 된다. 어느 것을 선택할 것인지는 구성된 사람들의 참여도나 환경에 따라 달라지는데, 필자의 오랜 경험에 의하면 참여자들이 자발적이고 적극적으로 아이디어를 도출하는 경우에는 후자(선 아이디어 도출, 후 카테고리 분류)를 택하고, 반대로 아이디어가 활발히 나오지 않는 경우라면 전자(선 카테고리 분류, 후 아이디어 도출)를 선택하는 것이 좋다.

9) 발산-수렴 사고법

발산은 넓게 벌려서 확대하는 것이고, 수렴은 많은 것들을 어느 특정 영역이나 포인트로 좁히는 것을 말한다. 따라서 발산-수렴 사고법은 우선 아이디어를 아무런 제약 없이 생각나는 대로 자유롭게 도출하고, 아이디어가 충분히 도출됐거나 새로운 아이디어가 고갈된 시점에서, 지금까지 도출된 아이디어를 가장 중요하거나 핵심적인 아이디어로 모으거나 선별하는 사고법이다. 이를 위해서는 구성원들이 자신의 아이디어나 생각을 양적으로 많이 도출하고(이것을 브레인스토밍 한다고 말한다) 질적으로 더 좋은 의견으로 가다듬은 후에, 그중에서 가장 중요하거나 핵심이 되는 의견을 선정하거나 판별하면 된다. 참가자들은 다양한 생각이나 아이디어를 아무런 제약 없이 자유롭게 말하고, 이렇게 도출된 의견들은 시기가 전지에 기록하여 모두가 공유할 수 있도록 하고, 발산된 아이디어들을 가지고 핵심 아이디어를 선별하는 것이 수렴 사고다. 발산-수렴 사고법은 창의적 사고법 중에서 핵심이 되는 사고법이기도 하다.

10) 전략적 사고법

현재 상황에서 미래에 원하는 목표로 가기 위해 내외부 환경을 모두 고려하고 분석하여 최적의 항로를 찾는 것이 전략이다. 문제해결을 하고 집단 창의성을 발휘하려면 외부 환경과 내부 환경을 객관적으로 분석하고(프레임워크 사고법), 가설의 진위 여부를 검증하고(가설 사고법), 논리와 객관적 근거, 타당성을 찾는 것이 필요하다. 전략적 사고법은 경영, 기획 및 홍보, 마케팅, 세일즈, 개발 등 모든 분야에서 필요로 하는 사고법이다.

11) 비주얼 사고법

본인의 주장을 뒷받침할 논리나 근거를 풍부한 상상력을 이용하여 표, 인포그래픽, 그림, 사진 등의 방법으로 시각화하여 생각하는 사고법이다. 말보다는 그림이나 이미지가 더욱 직관적이고 함축적이고 통합적이므로 상대방에게 핵심 메시지를 신속하고 효과적으로 전달하고 설득하는 데 좋다.

12) 마인드맵 사고법

마인드맵이란 문자 그대로 '생각의 지도'란 뜻으로 자신의 아이디어나 생각을 지도 그리듯 이미지화해서 표현하는 사고법이다. 마인드맵은 사고력, 창의력, 기억력을 한 단계 높여 주는 매우 효과적인 두뇌 개발 기법이다. 간혹 어떤 문제에 대해 창의적으로 생각할 때, 시간이 흐르거나 연속적인 생각이 진행되면서 시간 흐름에 따라 이전에 생각했던 내용의 일부는 잊어버리고 재생하기 어렵게 된다. 그런데 이것들을 마인드맵으로 그리면 시간이 지나도 유기적으로 연결되는 일련의 생각들이 쉽게 기억되게 만들고, 이미지로 시각화되어 기억된 것은 오래도록 기억에 남는 장점이 있다.

13) 분해–조합적 사고법

복잡한 대상을 작은 단위로 분해한 후에 이것을 다시 조립하는 과정에서 다른 경로나 조합 순서, 방법 변경 등을 통해 분해하기 전과 전혀 다른 새로운 결과를 만드는 사고법이다. 분해한 내용을 단순히 순서만 바꾸어도 내용이나 의미가 달라져 창의적인 결과물을 얻을 수 있다. 이때 분해 후 조립 시 어떤 것들을 어떻게 조합하느냐에 따라 결과가 달라진다. 즉 유사한 것들 간의 조합이나 전혀 다른 이종 간의 조합에 따라 서로 다른 결과물을 얻는다.

14) 추정 사고법

추정이란 통계적으로 관찰되거나 분석하고자 하는 대상인 모집 단*population*에 대한 어떠한 정보도 없는 상태에서, 모집단을 대표할 수 있는 표본(샘플)을 추출하여, 추출된 표본의 통계량*statistics*(표본의 특 성을 보여 주는 평균과 분산)을 구한 다음, 이를 이용해서 모집단의 모수 *population parameter*(모집단의 특성을 보여 주는 평균과 분산)를 예측하는 것으로 정보적 의미로는 확실치 않은 앞날을 지금까지의 지식과 경험으로 미리 예측하고 예견하는 사고법이다. 주제에 대한 정보나 데이터가 부족하거나 없는 경우는 물론 논리적 근거나 타당성이 확인되지 않 은 상태에서 도출된 아이디어인 경우, 본인이 가지고 있는 지식과 경 험으로 본인의 주장(추정이나 가설)을 설정하고 이후에 확인하고 검증 (직접 조사, 인터뷰, 설문조사, 데이터 통계 등)하는 사고법이다. 추정 사고법은 이탈리아의 물리학자이며 상대성이론, 원자의 양자론, 분광학 등을 연구한 페르미 추정이 유명하다. 예를 들면 서울시에 있는 바퀴벌레 의 숫자를 알아맞히거나, 대전시에 있는 전봇대의 숫자를 맞히는 데 추정이 사용된다.

15) 가설 사고법

가설이란 두 개 이상의 변수 또는 현상 간의 관계를 검정 가능한 형태로 서술한 문장으로 과학적 조사에 의해 검정이 가능한 사실을 말한다. 가설에는 두 가지가 있는데, 하나는 기존에 이미 존재하는 일반적인 가설인 귀무가설과 이것에 반하는 새로운 가설인 연구가설이 있다. 이렇게 주장된 연구가설은 그대로 수용되는 것이 아니고 가설검정이란 과정을 통해 증명되어야 한다. 가설검정은 모집단에서 표본을 추출하여 얻은 표본통계량으로 모집단의 모수에 대한 새로운 예상과 가설 등이 옳다고 판단할 수 있는지를 평가하는 것을 말한다. 주제에 대한 정보가 부족하거나 없는 경우는 물론 근거나 타당성이 확인되지 않은 상태에서 제기된 아이디어나 의견인 경우, 자신이 가지고 있는 지식과 경험으로 본인의 주장(추정이나 가설)을 설정하고 제시한 이후에 이것이 맞는지 확인하고 검증하기 위해 직접 조사, 인터뷰, 설문조사, 데이터 통계 등을 활용하는 사고법이다.

5

때로는
창의적인 해결책이 필요하다

| 우리는 왜 창의력 없는 사람들이 되었는가 |

지금까지 창의성은 모든 인류와 국가의 가장 중요한 화두였다. 그래서 사람들은 보다 더 창의적이 되기 위해 관심을 갖고 노력하고 있다. 창의성의 대가라는 사람들도 창의성에 대한 연구와 분석을 통해 창의성을 기르는 방법과 도구들을 세상에 소개하고 있다.

그중에서 우리에게 잘 알려진 대표적인 인물들이 『창의력 사전』, 『생각의 공식』을 쓴 에드워드 드보노, 『생각의 탄생』의 로버트 루트번스타인, 『마스터리 법칙』의 로버트 그린 등인데, 이들의 책을 살펴보면 창의성의 정의, 창의적인 인물들의 창의적 결과물에 대한 소개, 이들처럼 창의적으로 생각하고 실행하기 위한 방법과 법칙, 도구들을 설명하고 있다. 그런데 책을 읽는 도중에는 모든 내용에 대해 공감하고 감탄하기도 하지만, 마지막 페이지를 덮고 나서 자신이 관련된 일이나 업무에 연관하여 창의적으로 생각하고 적용하려면 전혀 엄두를 내지 못하고 막연해한 경험이 비일비재할 것이다. 지금까지 필자도 비슷한 경험을 했다.

지난 20년 동안 기업과 조직에 있는 사람들을 대상으로 '창의적 사고'와 '창의적 문제해결'에 대한 교육과 컨설팅을 하면서 다양한 성공사례와 방법론을 소개하고 전달했지만, 참가한 사람들은 창의적으로 생각하는 것에 여전히 어려움을 겪거나 체득하지 못함을 목격했다. 그래서 지난 수년간 창의성이 무엇이고, 이것을 실행하려면 무엇을 어떻게 하면 되는지, 간단하고 명확하게 전달할 수 있는 체계와 내용을 연구했다. 창의성이란 주제 외에도 여러 사람들이 한자리에 모여 문제를 해결하기 위한 토론을 효과적으로 진행하기 위해 필요한 스킬에 대해 교육과 컨설팅을 하면서, 참가자들이 어떻게 아이디어를 만들고, 도출된 아이디어들을 기반으로 더 창의적인 아이디어를 어떻게 개발하는지에 대해 가르치면서, 질문의 중요성을 알리고 활용하는 방법을 훈련시켰다.

지금부터 설명하는 내용들은 창의성과 최근 화두가 되고 있는 '창의적 문제해결을 위한 협업'에 대해 15년 이상의 고민과 생각, 그리고 연구와 분석의 결과로 얻은 결론이고 성과물이다. 여기서 필자는 그

동안 수많은 창의성 대가들도 명쾌하게 결론을 내지 못했던 창의성을 키우는 방법과 창의성이 개발되고 발전하는 프로세스 그리고 창의성 법칙*Creativity Law*을 세상에서 최초로 소개한다.

1) 개인 창의성과 집단 창의성

창의성은 개인 창의성과 집단 창의성으로 구분된다. 이 중에서 집단 창의성은 여러 사람이 협업하는 방법에 좌우되고, 협업의 효과는 참여자들이 서로에게 질문하고 토론하는 방법에 좌우된다. 질문과 토론하는 방법은 질문의 개수와 질문이 가지는 폭과 깊이, 질문과 아이디어 간의 충돌도에 좌우된다. 따라서 집단 창의성이나 협업의 핵심은 참여자들이 어떤 질문을 사용하는가에 달려 있다. 결론적으로 말하면 창의적 협업의 목적은 집단 창의성을 극대화하기 위해서 창의성의 크기와 깊이 등을 폭발적으로 높이는 것이고, 이를 위해서는 참여자들이 다양한 질문의 개수와 깊이를 증가시켜 활용하는 것이다.

2) 창의성의 2가지 기본 요소

창의성을 만들기 위한 기본적인 출발은 작은 아이디어 만들기에서 시작된다. 예를 들어 새로운 기술이나 상품을 개발하기 위해 하나의 아이디어를 떠올릴 수도 있고, 별안간 무엇인가에 자극을 받아 신선한 아이디어가 생각나서 그것을 보다 발전시키고 구체화하는 게 아이디어의 출발점이 될 수도 있다. 그런데 아이디어 자체는 그대로 두면 스스로 성장하지 못한다. 정체된 상태에 그대로 머문다. 대부분의 경우, 처음 떠오른 아이디어는 약간의 크기만 있지, 스스로 알아서 발전하고 살아남는 자생력이 없다. 아이디어는 땅속에 심은 작고 약한 씨앗과 같다. 그대로 두면 말라서 죽는다. 씨앗이 살아남으려면 적당한 물과 햇빛(온도), 자양분이 외부에서 제공되어야 한다. 마찬가지로 아이디어도 살아남아 싹이 돋고 성장하려면 외부에서 아이디어에 물, 햇빛, 자양분을 주어야 하는데, 추가적인 아이디어나 다양한 질문들이 여기에 해당된다. 작은 아이디어가 창의적인 발명이나 발견의 결과물로 탄생하려면 다양한 방향과 관점의 질문이 제공되어야 하고, 아이디어와 질문들이 건설적으로 서로 강하게 충돌해야 한다. 사람들은 토론에서 서로 간의 갈등과 대립을 피하라고 강조하는데, 필자의 생각은 다르다. 갈등과 대립이 없으면 기발한 아이디어를 만들기 어렵다. 다만 심한 갈등과 대립을 감정적으로만 대한다면 문제가 되지만, 이것들을 공동의 목표나 전혀 다른 관점의 새로운 아이디어를 만드는 기회로 삼으면 장려돼야 한다. 아이디어, 질문, 갈등, 대립 등은 서로 강하게 충돌할수록, 더욱 강한 에너지가 분출되고 우수한 유전자를 가진 돌연변이 아이디어도 나올 수 있다. 아이디어 자체는 자생력도 없고 추진력도 없다. 이에 반해서 질문은 자생력과 추진력을 갖고 있다. 특히 질문은 아이디어가 생명력을 얻고 성장하게 되는 놀라운 효과를 제공한다. 질문은 방향성이 있어 아이디어나 생각을 질문이 의도하는 방향으로 성장시키고 발전시킨다. 아이디어가 방향은 없고 크기만 존재하는 스칼라*Scalar*라면, 질문은 방향성과 크기 모두를 가진 벡터*Vector*다.

3) 아이디어를 성장시키는 4가지 방법

첫째, 아이디어의 크기를 키우는 것으로 폭 방향으로 아이디어를 확장하고 발전시키는 것이다.

둘째, 아이디어의 깊이를 키우는 것으로 수직 방향으로 아이디어를 확장하고 성장시키는 것이다.

셋째, 다른 아이디어와 연결하고 합치는 것으로 물리적인 결합을 의미한다.

넷째, 다른 아이디어와 융합하는 것으로 화학적인 결합을 의미하는데, 화학적 결합은 원재료와 전혀 다른 새로운 아이디어가 탄생하는 것이다.

그런데 아이디어를 성장시키는 4가지 방법은 모두 질문에 의해 작동된다. 즉 기존의 아이디어를 놓고, 크기나 깊이를 확장하는 질문, 다른 아이디어와 연결하거나 융합하는 질문들을 던지면 된다. 만약에 아이디어 개수 자체가 너무 적어 아이디어의 한계가 있다면, 이때에도 새로운 질문들을 다양한 방향으로 던지면 새로운 아이디어를 추가로 얻을 수 있다. 그렇게 만든 새로운 아이디어에 다시 여러 방향이나 관점의 질문들을 던지면 그 아이디어들은 새로운 방향으로 성장하고 발전하여 결국은 우리들이 바라는 창의적인 결과물에 도달한다. 다양한 방향과 관점의 질문을 만드는 방법은 혼자보다는 여러 사람이 함께하는 것이 효과적이다. 그래서 집단 창의성이 강조되고 중요한 화두로 등장한 것이다. 따라서 집단 창의성에서는 참가하는 사람들의 숫자도 중요한 영향을 미친다. 아이디어에 자극을 주고 다른 아이디어와 강하게 충돌시켜야 더욱 크고 창의적으로 성장할 수 있다. 이처럼 아이디어에 자극을 주고 서로 강하게 충돌시키기 위한 다양한 질문들이 있는데 이것에 대해서는 다음 장에서 자세히 설명한다.

4) 창의성과 질문은 함께한다

아이디어 회의 초기에 참가자들로부터 나오는 의견은 대개 특별한 점이 없다. 시간이 지나 조금 더 많은 양의 아이디어를 이끌어내도 질적으로는 크게 달라지지 않는다. 시간이 지나도 아이디어의 질이 향상되지 않는다는 말은 창의성이 증가하지 않는다는 말과 같다. 결국 시간과 창의성은 비례하지 않는다는 얘기.

그렇다면 창의적인 아이디어를 만드는 데 직접적인 영향을 주는 방법이나 요소는 무엇일까? 개인이 가진 아이디어만으로 창의성을 향상시키는 데는 한계가 있다. 그래서 여럿이 함께 모여 자신의 아이디어를 말하고 참가자들과 공유히며, 다른 사람의 아이디어를 지렛대 삼아 새로운 아이디어를 찾는 방법을 사용한다. 그렇다면 토론 참여자가 많다고 창의성이 저절로 증가할까? 이것은 구성원들이 하기 나름이다. 구성원들이 자신의 의견만 말하고 다른 사람의 아이디어에는 귀를 닫는다면 숫자는 무의미하다. 그들 사이의 의견 대립이 심하고 갈등이 증폭되어 합일점에 이르지 못하거나 더 발전적인 방향으로 진행되지 못한다면 이 역시 무의미하다.

하지만 남들의 의견을 경청하고 그들이 자기 생각과 어떻게 다른지, 왜 다른 의견을 말하는지 등에 관심과 호기심을 갖고 토론한다면 창의성은 증가된다. 참가자 사이의 갈등이나 대립도 긍정적이고 건설적인 방향으로 활용한다면 창의성 증가에 도움이 된다. 하지만 경청이나 관심만으로 창의성이 극대화되기는 어렵고, 여기에 새로운 요소가 추가되어야 한다. 이것이 바로 질문이다. 상대방에게 질문을 던진다는 것은 상대가 말한 의견이나 생각에 도전하는 것이다. 여기서 말하는 도전이란 반대를 위한 저항과 반발이 아니라, 그들로 하여금 다른 방향이나 관점으로 생각하도록 유도하고 촉진하는 것이다. 예를 들면 이렇게 질문하는 것이다.

"지금 제시한 해결책은 조직 차원에서 실행하는 것인데, 그것을 구성원 개인 차원에서 스스로 할 수 있는 방법과 연관 짓는다면 어떤 방법이 있을까요?"

이런 질문을 받으면 조직 차원에서만 생각했던 상대방은 자기 아이디어를 구성원 개인 차원으로 바꿔보거나 확대하여 새로운 해결책을 찾기 시작한다. 이것은 조직 관점에만 머물러 있던 생각에 질문을 강하게 충돌시켜 구성원 관점과 연관된 기발한 아이디어를 찾는 방법이다.

질문은 아이디어나 의견을 제시한 당사자뿐만 아니라 다른 제3자에게도 던져야 한다. 가능하면 좌충우돌하도록 만들수록 더 좋은 아이디어가 된다. 모두가 핀볼*Pinball* 게임을 해 본 경험이 있을 것이다. 핀볼 게임에서 높은 점수를 받는 비결은 쇠구슬을 타격하여 게임판으로 집어넣었을 때, 게이머가 조정하지 않고 그냥 두어도, 쇠구슬이 주변의 산재한 벽(용수철처럼 쇠구슬을 튕겨 주는 장애물)들에 부딪쳐서 좌충우돌하면서 계속 점수가 올라가게 하는 것이다. 마찬가지로 아이디어가 고갈되고 더 이상 좋은 생각이 나오지 못하는 상황에 봉착한다면, 이때 절실히 필요한 것은 생각과 아이디어를 강하게 충돌시키는 질문을 사용하는 것이다. 핀볼 게임의 장애물이 바로 질문과 같은 역할을 한다. 강한 충돌을 유발하는 질문이 더욱 효과적일수록 창의성

핀볼

핀볼 게임의 공이 장애물에 부딪히듯, 아이디어가 여러 반론에 부딪히게 하는 회의가 좋은 회의다.

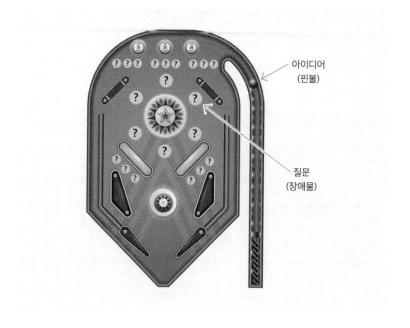

아이디어
(핀볼)

질문
(장애물)

에 더욱 가깝게 된다.

협업에서는 아이디어를 내놓는 것도 필요하지만, 이렇다 할 아이디어가 없는 사람이라도 그냥 자리만 지키지 말고, 다양한 질문을 던지는 역할을 해야 한다. 강한 충돌을 유발하는 질문은 누구나 생각할 수 있는 방향과 범위가 아니라 아무도 생각하지 못한, 그래서 엉뚱해 보이고 말도 안 되는 질문이면 좋다. "이런 질문을 해도 될까?", "이렇게 물으면 사람들이 이상하게 보지 않을까?" 하며 주저하게 되는 질문들이 오히려 더 효과적이다. 그러니 주저하지 말고 질문을 던지라.

| 반론에 맞서는 반론 |

반론이나 저항은 거절이나 반대가 아니라 흥미나 관심의 또 다른 표현 방식이라는 것을 이해할 필요가 있다. 사람마다 생각의 차이가 있듯이 표현 방법도 제각기 다르기 때문이다. 따라서 상대방의 표현을 하나의 관점이 아닌 또 다른 관점으로 이해하고 받아들이는 자세가 중요하다.

모든 사람이 나와 같은 시각이나 의견을 가질 수 없다. 비록 같은 생각을 가진 사람이라도 자신과 다른 방법이나 관점으로 표현할 수 있다는 것을 이해해야 한다. 그래서 상대방의 반론을 진지한 태도로 경청해야 한다. 상대방이 왜 그렇게 말하는지에 대한 진의를 파악하기 위해서다. 상대방의 말을 경청할 때는 냉정하고 침착하게 듣고, 중간에 말을 자르거나 논쟁하지 않아야 한다.

그리고 반론을 제기하는 상대방을 효과적으로 관리하고 설득하는 방법은 상대의 반론을 질문으로 다시 묻는 것이다. 예를 들어 어떤 이유를 들어 반대하는 경우에는 "이유에 해당되는 것이 해결된다면, 동의하겠습니까?", "이 제안을 받아들이지 못하는 또 다른 이유가 있나요?", "반대하거나 동의하지 못하는 이유는 이게 전부인가요?" 등과 같은 질문을 던지는 것이다. 그러면 상대방은 오직 한 가지 이유가 아니라면 그것을 해소하는 방안을 찾으면 되고, 만일 다른 이유기 있다면 진의를 확인할 수 있는 기회가 되기 때문이다.

사람들은 자신의 진의를 숨긴 채 다른 이유를 빌미로 저항하거나 반론을 제기하므로, 질문을 통해서 상대방의 정확한 진의를 파악하는 것은 필수적인 스킬이다. 또한 상대방의 말을 그대로 받아들이거나 믿는 것은 위험할 수 있다. 왜냐하면 겉으로 표현하는 말과 속마음이 다른 경우가 많기 때문이다. 따라서 상대방의 말이 진실인지 아닌지를 정확히 알려면 표정이나 몸동작과 같은 보디랭귀지를 읽는 능력을 가져야 한다. 즉 상대방의 말을 들을 때 얼굴 표정의 변화와 몸동작을 동시에 관찰하는 것이다. 이렇게 함으로써 상대방도 본인이 인지하지 못하는 무의식적인 행동을 파악하여 말의 진위를 구분할 수 있다.

지금부터 열린 회의에서 발생할 수 있는 참가자들의 저항이나 반발을 유형별로 구분하고, 그와 같은 상황에서 팀 리더나 리더가 어떻게 대응해야 하는지를 설명한다. 또한 상대방을 설득할 때는 지시나 지적, 명령보다는 적절한 질문을 던져 스스로 생각하게 만드는 것이 가장 효과적이다. 이하 각 유형마다 현장에서 적용할 수 있는 질문의 예시를 포함시켰다. 제시된 예시만 잘 활용한다면 설득력을 높일 수 있을 것이다.

1) 미팅 시간에 늦게 참석하는 사람

미팅이나 행사를 진행하다 보면 약속된 시간이 지나서 나타나는 사람들을 흔히 접하게 된다. 그런 사람들은 5~10분 정도 기다려 주는 것을 당연하게 생각하는 것 같다. 이처럼 늦는 사람을 기다려 주는 것이 관행화 되면, 회사나 조직의 미팅 문화로 정착하게 되고, 결국 조금 늦게 참석하는 것을 당연시하게 된다. 따라서 미팅은 약속된 시간이 되면 정시에 시작해서 정시에 끝내는 것을 원칙으로 정해야 한다. 그래야 늦는 사람은 다음부터 약속을 지킬 것이다. 지각하는 것도 일종의 습관이기 때문에, 지각을 방지하려면 그에 대한 벌칙이나 처벌 규정을 정해서 운용할 것을 권한다. 그리고 이러한 문화를 여러분 회사의 미팅 문화로 정착시킨다면 확실한 효과를 거둘 것이다.

2) 미팅에 참석해서 방관자처럼 행동하는 사람

마치 방관자처럼 행동하는 사람은 미팅의 주제와 목적이 자신의 이해관계와 먼 것을 다루는 경우에 많이 발생한다. 따라서 근본적인 해결책은 미팅의 주제와 연관된 사람을 선별해서 미팅에 참석시키는 것이다. 그러나 미팅의 주제와 연관된 사람임에도 불구하고, 중간에 잡담을 하거나 무관심할 수 있다. 이렇게 행동하는 데는 다음과 같은 몇 가지 이유가 있다.

첫째는 미팅의 진행이 지루하거나 협의 내용이 주제에서 벗어나는 성우이나. 이것은 리더가 직극적으로 게입해서 해결해아 한다. 우선 미팅이 늘어지거나 지루한 느낌이 들지 않도록 계획한 대로 속도감 있게 진행하고, 참석자들이 자신의 의견을 적극적으로 나타내도록 유도해야 한다. 간혹 주제에서 벗어나는 논의가 진행된다면, 리더가 개입해서 주제에 맞는 방향으로 논점을 돌려야 한다.

둘째는 논의되는 내용이나 방향이 본인의 관심사나 니즈에서 벗어나는 경우다. 이것 역시 리더가 해결해야 하는데, 해결 방법은 그런 행동을 보이는 사람에게 직접 질문을 던져서 그의 생각이나 의견, 혹은 불만이 무엇인지 확인해서 해결책을 강구해야 한다.

셋째는 참석자가 소극적이거나 소외되는 경우인데, 이런 사람들은 본인이 먼저 의견을 표현하지 않는다. 따라서 리더는 그 사람에게 의견이나 조언을 요청하고, 의견을 말했을 때는 긍정적인 스트로크를 사용하여 발언 내용을 공개적으로 인정하고 칭찬하는 것이 좋다. 이에 대해 상대방은 자신의 발언에 용기를 얻어 적극적으로 미팅에 참여하게 된다.

한편 잡담을 하는 사람들에게는 리더가 가까이 다가감으로써 잡담을 멈추게 할 수 있다. 무언의 보디랭귀지를 사용함으로써 상대방의 기분을 상하게 하지 않으면서 효과적으로 관리할 수 있다. 보디랭귀지를 사용하는 방법은 구두로 말하는 것보다 훨씬 효과적일 뿐만 아니라 리더의 권위를 살리면서 상대방의 위신도 세워 줄 수 있다.

미팅에서 잡담을 나누는 사람들에게 사용할 수 있는 질문의 예를 들면 다음과 같다.

- "모두 들을 수 있도록 크게 말씀해 주시겠습니까?"
- "○○님의 아이디어가 매우 돋보입니다. 다른 분들도 ○○님의 아이디어를 활용해서 더 나은 방법을 제안해 주시기 바랍니다."
- "○○님, ○○님께서 팀원의 의견을 수렴하신 것 같은데, 그렇다면 우리가 어떤 해결책을 생각해 볼 수 있을까요?"
- "○○님, 지금 옆 분과 나눈 이야기를 팀원들이 모두 들을 수 있도록 다시 한 번 말씀해 주시겠습니까?"
- "○○님께서 발표한 의견에 대해 모두 같은 생각입니까?"
- "○○님이 말씀하신 내용을 모두 공유하면 어떨까요?"
- "○○님(잡담자)께서 말씀하신 내용을 전체가 알 수 있도록 설명해 주시겠습니까?"
- "○○님과 ◇◇님께서 지금 대화를 나누고 계신데, 팀원들이 토론하고 있는 내용과 관계있는 것입니까?"
- "프로세스와 시간 배분에 문제가 생기면 어떤 영향이 있을까요?"
- "○○님, ◇◇님이 말씀하신 내용을 간단히 정리해 주시고, 그렇

게 했을 때 어떤 효과가 있는지 말씀해 주시겠습니까?"

3) 미팅에서 발언 기회를 독점하거나 지배하려는 사람

이런 사람은 업무에 대한 의욕이 넘치거나 아니면 성격적으로 모든 것을 자신이 주도해야 하는 사람이다. 그런데 의욕이 넘치는 사람에게 자제해 달라고 하는 것은 자칫 그 사람의 의욕을 꺾을 수 있으므로 신중을 기해야 한다. 이러한 사람들을 상대하는 가장 좋은 방법은 미팅을 시작하면서 정해진 그라운드 룰을 상기시키는 것이다.

하지만 논의가 활발해지다 보면 발표 기회를 독점하려는 사람이 나오게 마련이다. 이럴 때는 리더가 적극적으로 개입해서 시간을 조절해야 하고, 필요한 경우에는 보디랭귀지를 사용하여 자제하도록 암시해 주어야 한다. 미팅 때마다 습관적으로 반복하는 사람이라면, 통제에 용이하도록 미팅 시작 전에 리더와 가까운 곳에 앉도록 하는 것도 방법이다.

또 다른 방법은 이런 사람에게 서기를 맡겨서 미팅 내용을 정리하도록 하거나 화이트보드에 발표 내용을 기록하도록 임무를 부여하는 것이다. 이렇게 함으로써 자연스럽게 발언 독점을 막을 수 있다. 이런 경우에도 리더가 그 사람에게 다가가거나 시선 처리를 통해서 무언의 암시를 주는 것이 좋다.

독점하려는 성향의 사람을 대할 때는 냉소적이거나 무시하는 태도를 보이지 않아야 하며, 주제와 연관된 핵심적인 질문을 던져서 멈추게 하는 것이 좋다. 이러한 문제들을 리더가 직접 나서서 관리하거나 해결하려 하지 말고, 가능하면 참가자들 중 다른 사람들이 다루도록 맡기는 것도 좋은 방법이다. 혼자서 말을 너무 많이 하거나 미팅을 주도하려는 사람에게 쓸 수 있는 질문을 예시하면 다음과 같다.

- "○○님은 역시 많은 경험과 지식을 가지고 있군요. 좋은 의견이라 생각됩니다. 이번에는 △△님의 또 다른 의견도 들어볼까요?"
  (이때 주의할 점은 편중되지 않게 다른 사람의 의견을 구해야 한다.)
- "○○님은 어떤 의견이신지 한번 들어볼까요?"
- "지금 말씀하신 의견을 요약하면, ~한 의미로 이해해도 되겠습니까?"
- "○○님이 현재 말씀하신 내용은 지금의 주제와 어떤 연관이 있다고 보십니까?"
- "잠시 제가 말씀 내용을 요약해 봐도 되겠습니까?"
- "그렇다면, 지금 말씀하신 내용이 ~가 맞습니까?"
- "그럼, 다른 분의 의견은 어떻습니까?"
- "다른 팀원들의(다른 분들의) 의견은 어떻습니까?"
- "매우 적극적으로 참여해 주고 계시네요. 그러면 다른 분께도 기회를 드릴까요?"

- "지금 말씀하신 내용은 ~세션에서 다루어 주시면 더 좋지 않을까요?"
- "혹시 다른 관점으로 생각하시는 분은 없습니까?"
- "아, 그렇군요. 그럼 앞으로는 본인 의견을 결론부터 한 문장으로 정리하시고, 필요할 때 부연 설명을 하는 방향으로 진행하는 게 어떻겠습니까?"
- "좋은 의견을 주셨는데, 그 의견대로 진행한다면 우리가 안고 있는 문제 해결이 가능하겠습니까?"

4) 무조건 반대하거나 부정적인 발언을 하는 사람

이렇게 행동하는 사람을 그대로 놓아두면 전체적인 미팅 분위기에 영향을 주므로 반드시 조치를 취해야 한다. 그런 사람에게 행동을 중지하도록 명령하거나 강요하기보다는 왜 반대하는지 구체적으로 물어서 반대하는 이유를 확인해야 한다. 그래서 반대 이유가 누구나 동의할 수 있는 타당성을 가지고 있다면, 그런 의견을 반영해서 함께 논의하는 것이 필요하다.

하지만 납득할 만한 이유도 없이 무조건 반대한다면, 반대에 따른 해결 방안도 함께 제시하도록 그라운드 룰을 알리고 적용해야 한다. 즉 나름대로의 해결 방안을 제시하지 않고 무조건 반대하는 것은 제지해야 한다. 이것을 효과적으로 처리하려면 리더의 역할이 중요하다. 리더는 상대방에게 그라운드 룰을 알리거나 진지하게 질문할 때의 말과 행동, 태도가 매우 중요하다. 리더라는 위치를 가지고 상대에게 고압적이거나 기분을 상하게 하는 태도와 행동을 해서도 안 된다. 정중하면서도 진지하게, 그리고 권위 있게 대하는 것이 필요하다.

너무 비판적이고 공격적인 태도를 보이는 사람에게 사용할 수 있는 질문을 예시하면 다음과 같다.

- "그렇다면, 반대 의견을 주신 ○○님의 생각을 모두 들어볼까요?"
- "○○님의 의견은 매우 신선하고 새로운 관점으로 보이는데, △△님은 ○○님의 의견에 대해 어떻게 생각하십니까?"
- "○○님의 의견은 어떤 측면에서는 일리가 있습니다. 그렇다면 ○○님의 의견이 실행되었을 경우, 어떤 이점과 단점이 있을까요?"
- "분위기가 너무 뜨거워진 것 같으니까 이제부터 15분간 휴식을 갖도록 하겠습니다. 이 시간에 각자의 생각을 정리하면 어떨까요?" (해당되는 사람을 따로 만나 이야기를 나눈다.)
- "혹시 우리들이 토론하고 있는 내용이 주제와 정확하게 일치되고 있다고 생각하십니까?"
- "그럼, 어떻게 해야 주제에 맞게 진행될 수 있겠습니까?"
- "(주의 깊게 경청한 후) 지금까지 말씀하신 내용이 잘 이해가 안돼서

그러는데, 다시 한 번 요약해서 말씀해 주시면 고맙겠습니다.”

- “지금까지 좋은 사례, 예시 등을 말씀해 주셨습니다. 그렇다면 그러한 문제가 발생한 원인은 무엇이라고 생각하십니까?”
- “날카로운 지적에 감사합니다. 문제점을 지적해 주셨는데, 그렇다면 '○○○'이라는 관점에서는 다른 문제는 없겠습니까?”

5) 의외의 행동이나 통제하기 어려운 행동을 하는 사람

문제가 일어난 후에 처리하는 것보다는 사전에 방지하는 것이 최선책이다. 미팅을 진행하면서 그라운드룰을 알리고, 그래도 계속해서 돌출 행동을 한다면 그라운드룰을 다시 상기시키고 공식적으로 제지하는 것이 좋다. 간혹 리더는 참석자들 중 일부가 그런 행동을 해도 회피하거나 무시하려 하는데, 그것은 바람직하지 않다. 돌출 행동은 리더가 적극적으로 해결해야 하며, 그대로 방치할 경우 미팅 분위기에 악영향을 주게 된다. 필요한 경우에는 옆 사람이나 주변 사람이 그런 행동을 멈추도록 자연스럽게 제지할 수 있도록 지원군을 준비하는 것도 필요하다.

또 다른 방법으로는 앞에서와 같이 리더가 보디랭귀지를 사용하여 무언의 압력이나 통제를 하는 것이다. 특히 돌출 행동을 하는 사람들은 이성을 잃고 흥분하는 경우가 많으므로, 리더는 감정적으로 대하거나 논쟁을 벌이지 않도록 침착하게 행동하는 것이 중요하다.

필요하다면 리더가 발언권을 다른 사람에게 넘겨서 제지하거나 진행할 수도 있다. 그래도 계속 문제를 일으킨다면, 휴식 시간을 이용해서 일대일로 이야기를 나누어 보는 것도 좋다.

만약 돌출 행동을 하는 것이 회사의 미팅 문화라면, 그라운드룰에 이와 같은 행동을 통제할 수 있는 벌칙이나 규제 방법을 포함하여 적용하는 것이다. 예를 들어 액션러닝*Action Learning*에서는 자신의 의견을 직접 말하거나 설명할 수 없고, 오직 상대방에게 질문만 할 수 있으며, 질문을 받은 사람은 질문에 대한 답변만 할 수 있게 하는 방식으로 진행한다.

편견과 지나친 고집을 보이는 사람들에게 사용할 수 있는 질문을 예시하면 다음과 같다.

- "○○님의 주장이 다소 주제와 벗어난 느낌이 있는데, 말씀하신 내용 중에서 주제에 부합하는 것만 간추려 주신다면 좋은 의견이 되지 않을까요?"
- "○○님의 경험으로 볼 때 일리가 있습니다. 그런 경험에 근거해서 해결 방향에 대해서도 말씀해 주시겠습니까?"
- "팀원들의 생각과 ○○님의 생각이 조금 다른 것 같은데, 팀원 중 한 분이 구체적으로 무엇이 다른지 좀 더 자세히 설명해 주실 분은 없나요?"

- "긍정적인 혹은 부정적인 측면의 강조는 우리들의 관점이고, 만일 고객의 입장이라면 어떨까요? 고객의 관점에서 의견을 주시겠습니까?"
- "○○님의 의견도 매우 좋습니다. 그런데 그 의견이 팀의 전체 목표를 염두에 두는 다수인의 의견과는 어떤 연관성이 있다고 생각하시는지 알려 주시겠습니까?"
- "대부분의 의견이 ~쪽으로 모아지는 것 같습니다. ○○님의 의견은 다음 단계에서 보다 구체적으로 다뤄질 것 같은데, 다른 분들의 의견은 어떻습니까?"
- "○○님께서 생각하고 계신 내용이 ~라는 것이군요. 제가 정확하게 이해했나요?"
- "○○님께서 주제에 대해 이해하고 계신 내용이 ~과 일치합니까? 다른 관점에서는 어떻게 생각할 수 있을까요?"
- "○○의 의견이 이 주제와 연관성을 갖고 문제의 원인과 해결 방안을 도출하는 데 충분한 효과를 낼 수 있는지요?"
- "○○님의 의견도 일리가 있습니다. ◇◇님이 의견에 덧붙여 어떻게 하면 좀 더 효과적일 수 있는지 의견을 주시겠습니까?"
- "계속해서 그 방향으로만 주장하신다면, 우리가 진행하고 있는 주제가 무난히 이루어질 수 있을까요?"
- "우리 모두는 주어진 시간을 적절히 운영해야 합니다. 지금 이 문

제를 토의하는 데 시간 운영은 적절한가요?"

- "지금 이 문제를 토의하는 과정에서, 우리들의 시간 운영은 얼마나 효과적이라 생각하시는지요?"
- "참신한 의견을 제시해 주신 ○○님의 의견에 대하여, 문제점을 찾는다면 어떤 문제가 있을까요?"
- "(문제가 있다는 점을 시인한 후) ○○님께서 제시한 의견에서 중요한 문제점을 찾을 수 있는데, 그 문제 이외의 다른 문제는 없겠습니까?"
- "제시해 주신 의견은 좋은 내용이지만, 그 의견이 우리의 주제 해결에 부합되는 것이라고 생각하십니까?"
- "깊고 예리한 의견에 감사드립니다. 이 의견에 대해 소비자는 어떻게 생각하겠습니까?"

6) 성격이나 의견이 다른 사람들 간에 자주 충돌하는 경우

서로 다른 부서나 입장이 다른 두 사람 이상의 참가자들 사이에 충돌이 발생하는 경우가 있는데, 리더가 이것을 해결하는 방법은 먼저 토의 의제에 관심을 집중시키도록 만드는 것이다. 그래도 충돌이 계속되면 서로 간에 차이가 무엇인지 구체화시키거나 글로 적어 보도록 한 후, 그 차이를 최소화하는 방향으로 조정한다. 이 방법은 리더가 혼자 해결하려 할 경우에는 편파적이라는 비난을 들을 수 있으므로, 다른 참가자를 토론이나 중재에 참여시키는 것이 좋다. 그래도 해결되지 않는 경우에는 리더가 직접 공개적으로 그러한 행동을 중단하도록 지적해야 한다.

성격이 다른 사람들 간의 충돌이 발생했을 때 사용할 수 있는 질문을 예시하면 다음과 같다.

- "○○님과 △△님, 두 분은 주제에 매우 열정적으로 참여하시는 모습이 좋은 본보기가 되고 있습니다."
- "A안과 B 의견이 맞서고 있는데, 두 의견이 다르기만 할까요? 함께 공통점을 찾아보는 게 어떨까요?"
- "○○님과 △△님의 의견 교환이 오래 진행되고 있는데, 이 정도에서 각자의 의견을 요약해 본다면 미팅도 매끄럽게 진행되고 좋은 결과물까지 도출되지 않을까요?"
- "지금 ○○님과 △△님의 의견이 일치하지 않은 부분이 있다면, 그로 인해 다른 악영향을 미치지 않을까요?"
- "먼저 두 분의 의견을 적어 보시고, 그런 후에 또 다른 분의 의견을 들어 보는 게 어떻겠습니까?"
- "○○님의 의견은 ~측면이고, ◇◇님의 의견은 ~측면을 말씀하고 있는 게 맞습니까?"
- "○○님은 어떤 관점으로 문제를 보고 계십니까?"

- "열정적인 두 분의 토론에 감사드립니다. 쉽게 결론이 나지 않을 것 같으므로, 잠시 휴식을 취한 후 다시 다루어 보기로 하지요. 다른 분 중에 비슷한 의견이 있거나 다른 의견이 있으면 제시해 주시죠."
- "먼저 ○○님부터 발언해 주시는 건 어떨까요? 그런 후에 □□님의 의견을 들을까요?"
- "두 분의 의견을 조율하면 해결책 측면에서 어떤 효과가 있을까요?"
- "두 분이 각자 좋은 의견을 제시해 주시는데, 왜 서로 의견이 상충되고 있다고 생각하는지 다른 분 중에 대신 말씀해 줄 수 있는 분은 없습니까?"
- "두 분 모두 좋은 의견을 제시해 주셨는데, 두 분이 말씀하시고 있는 내용 중에 서로의 공통점과 상이점을 말씀해 주시겠습니까?"

7) 지나치게 고집을 부리거나 자기주장만 하는 사람

이런 행동을 하는 사람은 주제에 동의하지 않거나 잘못된 선입견을 가지고 있는 경우가 많다. 리더가 이런 사람을 다룰 때는 그 사람이 왜 그러는지 의견을 듣고 난 후 주제나 목표에 관한 관점을 알리고, 다른 참가자들로 하여금 그 사람의 생각을 바로잡아 주도록 하는 것이 좋다. 그래도 고집을 부린다면, 계속해서 상대방을 설득하려 하거나 논쟁하지 말고, 휴식 시간이나 차후에 그 점에 대해 더 심도 있게 얘기해 볼 것을 제안하는 것이 좋다.

지나치게 자신의 주장만 밀하거나 주제와 벗어나는 이야기를 하는 사람들에게 적용할 수 있는 질문을 예시하면 다음과 같다.

- "○○님의 의견이 다소 주제를 벗어난 것 같습니다. 우리 모두가 주제에 집중하기 위해 주제를 다시 한 번 확인해 보는 것은 어떨까요?"
- "토론이 지금처럼 벗어난 방향으로 계속 진행된다면, 과연 우리는 어떤 결론에 도달할까요?"
- "○○님이 하신 말씀은 문제점 도출에 관한 내용인 것 같은데, 그렇다면 ○○님은 이 부분에 대해 어떤 아이디어를 가지고 있는지 우리 모두에게 말씀해 주시겠습니까?"
- "지금까지 토론을 진행해 오면서 어디서부터 어긋나기 시작했을까요?"
- "토론이 주제와 벗어나게 된 이유는 도대체 무엇일까요?"
- "○○님의 의견은 주제와 어떤 연관성이 있을까요?"
- "다양한 의견을 제안하셔서 토론이 활발하게 진행되고 있습니다. 여기에 더해서 좋은 결론에 도달할 수 있도록 구체화된 주제에 대해 다시 한 번 생각해 주시고, 각자의 의견을 말씀해 주시기

바랍니다."

- "○○님 지금 옆 사람과 이야기한 내용이 주제와 연관된 것이라면, 우리 모두가 알 수 있도록 다시 한 번 말씀해 주시겠습니까?"

- "○○님께서 발표한 의견에 대해 다른 분들도 동의하시는지, 아니면 다른 견해를 갖고 계신지요?"

- "○○님께서 말씀하신 내용은 ~인데, 그렇다면 그로 인해 야기되는 또 다른 문제점은 어떤 것이 있을까요?"

- "○○님께서 말씀하신 대로 한다면, 논의하고 있는 주제를 해결할 수 있을까요?"

- "만약 ○○님이 말씀하신 대로 추진한다면, 생산성 향상에는 어떤 영향을 미칠까요?"

- "열정적인 의견을 제시해 주셔서 감사합니다. 너무 열띤 토론이 전개되다 보니 주제와 약간 빗나간 것 같습니다. 지금처럼 계속 진행된다면 우리 주제와는 다른 결론에 도달하지 않겠습니까?"

- "지금까지 미처 생각하지 못한 새로운 의견인데, 그 내용이 주제를 해결하는 데 어떤 측면에서 도움이 되겠습니까?"

- "플립 차트로 주제를 정리하고 토의하면 보다 다양한 해결책을 찾을 수 있지 않을까요?"

8) 표현력이 부족해서 당황하거나 긴장하는 사람

미팅과 같은 공개적인 자리에서 사람들은 긴장하여, 자신이 생각하고 있는 것을 정확한 언어로 충분히 표현하지 못하는 경우가 많다. 이런 경우에는 상대를 재촉하거나 무시하지 말고, 리더가 표현을 정리하거나 요약하여 도와주는 것이 좋다. 예를 들면 "지금 하신 말씀은 ~으로 이해하면 되겠습니까?"라든가, 혹은 "지금 설명하신 내용을 제가 반복해도 될까요?"라고 일단 동의를 구한 후에, 좀 더 이해하기 쉽거나 요약된 내용으로 표현해 주면 도움이 된다.

표현력이 부족하거나 심하게 긴장하는 사람은 참여에 소극적이 된다. 이럴 경우 해당자가 관심과 흥미를 갖고 발표할 수 있도록 촉진하려면, 직접 바로 질문하거나 발언하도록 강요하지 말고, 해당자 옆에 있는 사람에게 발언하도록 한 다음, 소극적인 사람에게 발언권을 주는 방식으로 하면 자연스럽게 표현할 기회를 가질 수 있다. 특히 이런 부류의 사람에게는 그 사람의 발언이나 표현에 대하여 긍정적 스트로크를 사용하여 좋은 의견이라고 인정하고 칭찬하는 것이 좋다. 그러면 다음부터는 적극적으로 미팅에 참가할 수 있게 된다.

표현력이 부족한 사람들에게 사용할 수 있는 질문들의 예시는 다음과 같다.

- "○○님은 좋은 생각을 가지고 계신 것 같습니다. 지금 말씀 내용

을 모두가 제대로 이해할 수 있도록 제가 다시 정리해 봐도 되겠습니까?"

- "이런 해결 방안으로 말씀하신 것으로 이해해도 되겠습니까? 다른 분들도 이 방안에 동의하십니까?"
- "그 의견은 긍정적인 측면에서 말씀해 주신 것이지요?"
- "○○님께서 말씀해 주신 내용에 대해, 제가 한마디만 더 추가해도 될까요?"
- "팀원들이 쉽게 이해하도록 하려면 어떻게 정리하면 좋을까요?"
- "제가, 말씀하신 내용을 정리해 보겠습니다. ~이 맞습니까?"
- "○○님이 좋은 의견을 제안해 주셨습니다. 이것을 좀 더 이해하기 쉽게 표현하려면 어떻게 할 수 있을까요?"
- "그럼 ~라고 정리가 됐는데, 좀 더 쉽게 이해할 수 있도록 설명해 주시겠습니까?"
- "이 정도면 충분히 이해할 수 있을 정도로 의미 전달이 되는 것 같습니까?"
- "○○님! 좋은 의견을 제안해 주셔서 감사합니다. 다른 분께서 이 내용을 요약해 주시겠습니까?"

그 밖에 리더에게 지나치게 의존하거나 의견을 요구할 때 적용할 수 있는 질문을 예시하면 다음과 같다.

- "우리가 새로운 아이디어를 얻기 위해 이러한 방향으로 생각해 보는 것은 어떨까요?"
- "○○님의 의견에 대해 다른 분들은 어떻게 생가하십니까?"
- "팀원들이 좋은 의견들을 제안해 주셨습니다. 그중에서 ○○님의 질문에 대해 □□님께서는 어떻게 생각하십니까?"
- "지금 질문하신 내용을 ~한 관점에서 문제점을 찾아본다면 구체적으로 어떤 것들이 있을까요?"
- "지금 토론 중인 내용이 ~가 맞습니까? 여러분! 모두 공감하십니까?"
- "질문의 의미를 아시겠습니까? 어떻게 (무엇을) 해결하면 우리가 추구하는 목표를 달성할 수 있을까요?"
- "네, 저에게 의견을 구하시는군요. 제가 의견을 제시하면 진행이 어렵습니다."
- "그러면 진행이 어려워지리라 생각되지 않나요?"
- "지금까지 나온 내용들에 대해 알기 쉬운 문장으로 표현하시면 되겠습니다. 예를 들어 ~."
- "그런데 여러분들께서 직접 문제해결을 하셔야 합니다. 다른 분께서 답변해 주실 분은 없습니까?"
- "그렇다면 누가 이것에 대한 답변을 해주시겠습니까?"
- "그렇다면 예상되는 답변을 누가 해주시겠습니까?"

- "좋은 질문이신데, 만일 리더가 의견을 개진하게 되면 어떤 문제가 있겠습니까?"

[저항이나 반론에 대처하는 3단계 프로세스]

1단계

- 상대의 저항이나 불만의 내용, 이유를 경청하라.
- 시선은 상대의 눈을 바라보고, 몸도 상대방 쪽으로 향하라.
- 상대의 말을 잘 듣고 있다는 신호를 보낸다(보디랭귀지 사용).
- 중요 사항은 메모하고 요약하라.
- 말을 도중에 끊지 말고 끝까지 들어라.
- 필요하다면 적절한 질문을 던져서 확인하라.
- 경청의 목적은 상대방의 말을 열심히 듣는 것이 아니라, 상대방의 말에서 사실과 의견(감정)을 구분하는 것임을 유념하라.

2단계

- 상대방의 저항이나 반론의 정확한 이유, 논리를 파악하라.
- 사실과 감정을 구분하고 정리하라.
- 상대방의 저항이나 반론의 근거, 논리를 정리하라.
- 질문으로 상대방의 반론이나 저항의 이유를 모두 확인하라.

3단계

- 대안을 제시하여 설득해라.
- 구체적인 근거와 논리 그리고 대안을 제시하라.
- 모든 대안에도 부정적일 경우에는 상대방이 생각하는 대안이 무엇인지 질문해서 확인하라.
- 장황하지 않고 간단명료하게 말하라.
- 핑계나 변명처럼 들리지 않게 하라.
- 자신감과 확신을 가지고 대하라.

[리더들이 취해야 할 행동]

- 관심사와 문제점을 표면화시킨다.
- 모든 사람이 토의에 적극 참여하도록 돕는다.
- 적극적 자세로 경청하고 시선 처리를 효과적으로 한다.
- 적절한 보디랭귀지와 목소리의 높낮이, 속도, 완급을 조절한다.
- 쟁점이나 논점을 풀어 설명하고 요약해 준다.
- 핵심 사항에 대한 메모를 하고, 시기적절하게 설명하고 정리해 준다.
- 미팅 진행 속도와 시간 관리를 효과적으로 한다.
- 능숙하게 갈등을 조정, 관리한다.
- 문제해결 프로세스에 초점을 맞춘다.
- 건방지거나 위협적이지 않으면서 권위를 유지하고 미팅을 관리

한다.

- 말하는 내용뿐만 아니라 그 이면의 생각과 감정을 파악한다.
- 참가자들의 언어적, 비언어적 표현을 제대로 감지할 수 있다.
- 생각과 아이디어를 분명하고 간략하게 나타낼 수 있다.

[리더들이 피해야 할 행동]

- 참가자의 관심사를 검토하지 않는다.
- 경청하지 않는다.
- 중요 사항에 대한 메모를 소홀히 한다.
- 갈등이 자주 표면화되게 만들고, 이것을 효과적으로 관리하지 않는다.
- 리더 자신이 미팅의 중심인물이 되려 한다.
- 소극적이고 방어적이다.
- 개인적인 감정을 다루어 분위기를 망친다.
- 부정적이거나 소수 사람들이 미팅 진행을 장악하도록 허용한다.
- 논의가 핵심에서 벗어나도록 방관한다.
- 중단시켜야 할 시점을 알지 못한다.

6

"다 함께 해결책을 이야기해봅시다"

| 회의가 무의미해지는 10가지 원인 |

앞에서 설명한 2A4 문제해결 방법과 프로세스를 기반으로 우리들이 직면하는 다양한 문제들을 해결하는 과정을 단계별로 소개한다. 또한 문제해결을 위해서 관련된 사람들이 한자리에 모여서 의견을 나누고 질문을 던지는 격의 없는 열린토론을 하게 된다. 리더가 이런 토론을 어떻게 진행하는지에 따라 문제해결이 성공하기도 하고 때로는 실패에 이르기도 한다. 그래서 리더들이 팀원들과 함께 문제해결을 위한 토론을 하는 경우, 이것을 효과적으로 리드하고 참가자들의 참여를 촉진하는 방법이 필요한데 이것에 대해 먼저 설명한다.

열린토론을 효과적으로 진행하려면 참가자들이 지켜야 할 규칙이 필요한데, 이것을 그라운드룰이라 부른다. 필자가 개발하여 사용하는 7가지 그라운드룰을 정리했다.

Rule 1. 다르게 생각하자.

서로의 생각과 의견이 같지 않은 것은 문제가 아니고, 당연한 것이다. 서로의 생각이 모두 같거나 비슷하다면 그것이 매우 심각한 문제다.

Rule 2. 서로의 다름을 인정하자.

상대방의 생각이 틀린 것이 아니고, 나와 다른 것이다.

Rule 3. 생각을 자극하고 확산시키는 도전적인 질문을 던지자.

상대방에게 질문하는 것은 비난이나 질책이 아니고, 상대의 생각을 이해하고 자신과는 다른 관점을 배우려는 것이다.

Rule 4. 무슨 질문이든 주저하지 말고 상대방에게 던져라. 그리고 끝까지 경청하자.

Rule 5. 더 좋은 질문을 던지도록 연습하고 발전하자.

질문에도 등급과 품질이 있으니 연습을 통해 질문의 질을 높이자.

Rule 6. 자신만의 생각과 아이디어를 만들자.

상대방의 의견을 그대로 이해하고 흡수하지 말라. 그것을 지렛대 삼아 자신의 생각과 연결하거나 융합한다.

Rule 7. 상대방 의견을 존중하고 배려하고 경청하자.

그 속에서 자신과 다른 것들을 발견하자.

1) 결론을 내리지 못하는 경우

문제해결을 위한 토론에서 참가자들이 많은 의견과 아이디어를 말하고 주고받는다. 그런데 정작 결론을 내리려 하면 좀처럼 결론을 내지 못하는 경우가 다반사다. 수많은 의견이 나왔음에도 불구하고 왜 결론을 내리지 못할까?

그 원인은 수많은 의견들을 말로만 했을 뿐, 글로 기록하고 모든 참가자들의 눈에 보이게 공유하지 않기 때문이다. 결론으로 선택할 만한 대상이 눈에 보이지 않기에 결론을 내리지 못하는 것이다. 이런 문제를 해결하기 위한 최선은 전지를 벽에 붙인 후에 참가자들이 낸 의견이나 아이디어를 정리하여 기록하고 모두가 눈으로 확인하도록 공유하고, 기록된 내용 중에서 투표로 선택하여 결론을 내리게 하면 된다.

정해진 시간을 넘어도 토론이 끝나지 않는 경우가 자주 발생하는

데, 이는 결론을 내릴 만한 의견들이 도출되지 못했기 때문인 경우다. 다양한 의견들이 도출되도록 하려면 문제해결을 위한 토론에 참가하기 전에 참가자들이 철저히 준비하도록 해야 한다. 그런데 준비를 하고 참가하도록 공지를 해도 준비 없이 참가하는 사람들이 대부분인데, 이것을 해결하는 방법으로는 주제를 공지하면서 주제와 관련된 3가지 질문을 공유하면 효과가 있다. 사람은 질문을 받으면 그것에 대해 생각하고 나름의 결론이나 답을 찾게 되고, 이런 과정을 통해 문제해결에 대한 아이디어를 생각하거나 준비하고 참석하게 만드는 효과를 얻을 수 있다.

2) 대립과 갈등이 고조되고 자기주장만 강조하여 합일점을 찾지 못하는 경우

대부분의 사람들은 상대방이 자신과 의견이 같지 않으면 그 의견을 다르다고 보지 않고 상대방이 틀렸다고 인식하고 상대방을 공격하거나 비난한다. 이것을 해결하려면 자신과 의견이 같지 않은 것은 상대방이 틀린 게 아니고 자신과 다른 것이고, 무엇이 어떻게 다른지 더 깊이 토론하고 확인하여 서로 다른 의견을 좁혀서 합일점을 찾아야 한다.

3) 참가자들이 발언을 하지 않고 자리만 지키는 경우

입을 다물고 자리만 지키는 사람을 프리라이더*Free Rider*(무임승차자)
라 부르는데, 이렇게 행동하는 원인은 소심한 성격이거나, 의견을 내
면 자칫 비난받거나 우습게 보일까 봐 두려워 차라리 입을 다물고 있
는 것이다.

참가자들이 공개적으로 말하는 것에 부담을 갖는 것이므로 이런
부담을 없애려면 의견이나 아이디어를 말하는 게 아니고 글로 쓰는
브레인라이팅을 활용하여 모두가 의견을 제출하도록 진행한다. 이때
어떤 의견도 무시하거나 우습게 보는 발언을 하지 않아야 한다.

발언하지 않는 사람들에게 강제적으로 의견을 내라고 압박하는
것도 바람직하지 않은데, 이들이 의견을 내지 못하는 것은 이렇다 할
만한 좋은 아이디어가 없거나 이런 말을 하면 다른 사람들에게 우습
게 보이지 않을까 하는 염려 때문이다. 따라서 이런 문제를 해결하려
면 이들의 아이디어를 자극하는 적절한 질문을 던지는 것이 좋다. 또
는 다른 사람이 말한 의견과 연결하여 아이디어를 말하도록 유도하
는 것도 좋다.

4) 적극적이고 자발적인 참여가 없는 경우

이런 문제가 발생하는 원인은 리더가 과거에 참가자들이 의견을
말해도 받아들이지 않거나 무시했거나 또는 리더가 이미 결론을 내

리고 토론을 진행하기 때문이다.

이런 문제를 해결하려면 어떤 의견이라도 발언한 의견을 무시하지 말고 소중하게 받아들이고, 리더가 이미 결론을 내리고 진행하는 경우라도 결론을 너무 강하게 주장하거나 강조하지 말고, 참여자들의 의견이나 아이디어를 충분히 말하게 하고 활용하면 된다. 누구든지 망설임 없이 자신의 생각과 의견을 개진하도록 자유로운 분위기를 조성한다.

참가자들이 자발적으로 참여하도록 하려면 의견 발표 외에도 중간 단계마다 의견들을 취합하여 정리하고 그것을 화이트보드나 플립차트에 기록하여 발표자의 의견이 공개적으로 게시되고 반영됐다는 기분을 갖게 해야 본인은 물론이고 다른 참가자들도 자극을 받아서 참가자 전체가 적극적으로 참가하는 분위가 조성된다.

5) 다른 사람의 발언을 경청하고 더 좋은 아이디어를 만드는 방법

문제해결을 위해 토론을 하다 보면 다른 사람의 말에는 전혀 귀를 기울이지 않고 오직 자신의 말만 하는 사람들이 있다. 그래서 의견들 간의 건설적인 연결이나 충돌이 사라져 열린 토론의 시너지 효과를 얻지 못한다. 리더가 아무리 다른 사람들의 발언을 잘 듣고 자신의 의견을 말하라고 주문을 해도 좀처럼 변화가 없다. 이것을 해결하려면 리더는 다른 사람이 말한 의견이나 아이디어와 연결되는 질문을 다른 사람에게 던져야 한다. 그러면 질문을 받은 사람은 제대로 된 답을 말하기 위해서 다른 사람이 말한 의견을 참고하여 자신의 의견을 말하게 된다. 이렇게 연결되는 질문을 던지는 것이 열린 토론을 활성화하는 스킬이다.

6) 아이디어를 구체화하고 딥다이브Deep Dive 하는 방법

의견이 아무리 많이 도출되어도 의견의 깊이가 깊어지지 못하면 겉도는 의견에 머물게 된다. 이것을 해결하려면 리더는 참가자들에게 꼬리에 꼬리를 무는 질문을 던져야 한다. 또한 참가자들 간에도 서로에게 꼬리에 꼬리를 무는 질문을 던지도록 촉진해야 한다. 이렇게 해서 도출된 의견은 문장을 잘 정리하여 전지에 글로 기록하여 모든 참가자들이 눈으로 확인할 수 있게 공유한다.

7) 프리라이더Free Rider나 빅마우스Big Mouth를 컨트롤하는 방법

문제해결을 위한 토론에는 항상 프리라이더(무임승차자)와 빅마우스(발언을 독점하는 사람)가 나타나기 마련이다. 이들을 그대로 방치하면 문제해결이 되지 않고 토론이 엉뚱한 방향으로 흐르거나 결론을 내리지 못하게 된다. 이것을 해결하려면 리더는 서로의 생각을 자극하고 의견 개진을 쉽게 유도하기 위한 질문을 던지고, 다른 사람의 의견에 대해 연관된 추가적인 질문을 던져야 한다. 그렇게 해서 나온 의견은 그 내용을 구체화하고 요약하는 워딩Wording을 도와주어야 한다. 빅마우스라면 혼자서 말을 독점하지 않게 하고, 그래도 제어가 안 된다면 결론부터 말하도록 하는 그라운드룰을 정해서 진행하면 된다.

8) 지렛대 효과를 사용하여 창의적인 아이디어를 도출하는 방법

사람들의 의견이 피상적이거나 깊이가 없는 경우가 많은데, 이것은 정말로 좋은 아이디어를 만들기 어려워서가 아니고 더 좋은 아이디어를 개발하는 방법을 모르기 때문이다. 이것을 해결하려면 다른 사람의 의견을 잘 경청하고 그것을 지렛대 삼아 더 좋은 의견을 찾도록 돕는 것이다. 즉 다른 사람의 의견을 잘 듣고 그 의견에 자신의 생각을 추가하여 더 나은 아이디어를 찾도록 유도하면 된다. 사람들은 고정 관념이나 기존의 관점에서 벗어나지 못하기에 평소에 하던 생각에서 크게 발전하지 못하는데, 리더는 참가자들이 고정관념에서 벗어나 다른 관점을 갖도록 질문으로 자극해야 한다. 그리고 다른 사람의 의견을 무조건적으로 비난하기보다, 긍정적인 면을 찾도록 촉진해야 한다.

9) 아이디어가 고갈되었다고 생각할 때, 더 좋은 아이디어를 찾는 방법

오랜 시간 토론이 진행되면 더 이상 좋은 의견이나 아이디어가 없다고 말한다. 그런데 이런 상황에서 더 좋은 아이디어가 필요하다면 어떻게 해야 할까? 해결책은 참가자들에게 이미 도출된 아이디어들을 전체적으로 읽고 파악하게 만든 다음, 그것을 참고하여 새로운 아이디어를 찾도록 유도한다. 각자 조용한 시간을 갖고, 깊이 생각하고 의견을 포스트잇에 글로 쓰는 브레인라이팅을 활용하면 기발한 아이디어들을 얻을 수 있다. 다양한 관점의 질문들을 만들어 함께 다루고 의논하는 것도 유용하다.

10) 솔루션 도출과 액션플랜에 대한 오너십 고취 방법

문제해결 방법을 찾고 실행계획을 만들어 담당자를 정해도 그것이 제대로 실행되어 결과물을 만든다는 보장이 없다. 왜냐하면 그 결론이 실행담당자로 선정된 사람의 의견이 아니라면 주인의식 생기지 않기 때문이다. 사람들은 다른 사람의 의견이 아무리 좋아도 자신이 말한 의견이 아니면 무관심하거나 방관한다. 따라서 의견이나 아이디어를 구성원들이 직접 개진하도록 촉진하는 게 중요하다. 그러기 위해 리더는 적절한 질문을 던져 생각을 자극시키고, 리더가 결론을 구성원들에게 알려주거나 강요하지 말고, 구성원이 스스로 말하도록 유도해야 한다.

2장

모든 해결은 문제를
인식하는 것에서 시작한다

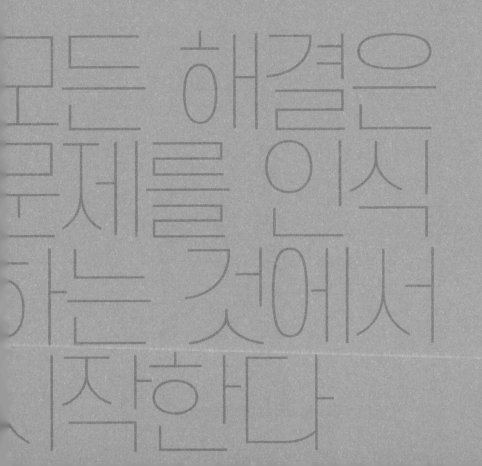

1

1단계
– 목표 설정

Problem

Objective & Goal

1. Identify

4. Develop

5. Execute

2. Define

2A4 Cube©

Symptom
&
Problem

3. Analyze

6. Review

Root Cause

2장 모든 해결은 문제를 인식하는 것에서 시작한다

| 만년 꼴찌 야구팀을 리그 승자로 만들 수 있을까? |

1단계 Identify에서 사용하는 질문은 다음과 같다.

　1) 회사나 조직이 추구하는 비전, 미션, 핵심가치, 전략을 정렬시켰는가?

　2) 목표는 고객가치제안과 연계했는가?

　3) KSF는 정확히 도출됐는가?

　4) KSF별로 목표나 기대 결과는 SMART 하게 설정했는가?

　5) 목표 달성 여부를 확인할 수 있는 Metric(측정지표)를 결정했는가?

　6) 부서 이기주의나 지엽적이 아닌, 회사 전체와 연계된 목표를 설정했는가?

　미국의 영화배우인 브래드 피트가 주연을 한 〈머니볼〉을 보았는가? 야구를 좋아하는 사람들은 재미있는 야구 영화를 보았다고 하겠지만, 필자는 문제해결의 베스트 프랙티스를 보았다는 생각이다. 물론 야구도 좋아한다.

　이 영화는 1990년대 후반 오클랜드 애슬레틱스의 감독이었던 "빌리빈"의 실화를 다룬 영화다. 이 야구팀은 리그에서 항상 패배하여 만년 꼴찌인 팀이었다. 당시까지 빌리빈 감독은 다른 팀처럼 선수 선발의 기준을 타자는 홈런, 타율, 타점, 도루로, 투수는 승수, 방어율, 투구속도를 비교하여 기용했다. 또한 코치와 스카우터도 이런 기준으로 선수를 훈련시키고 영입했다. 경쟁 팀들도 그런 방식이었으니 크게 문제가 될 것은 없어 보였지만, 관건은 이 팀의 구단주가 재정이 열악하여 좋은 선수들을 영입할 수 없었고, 몸값이 싼 그래서 실력이 낮은 선수들로만 구성된 팀이기에 승률이 가장 낮았다.

이런 문제를 타개하기 위해서 고심하던 감독은 어느 날 경기력을 수치와 통계로 분석하는 업무를 담당한 스태프로부터 의견을 들었는데, 이 말을 흘리지 않고 되새기면서 무언가 새로운 돌파구가 있을지도 모른다는 생각을 한다. 그래서 스태프에게 그의 이론과 분석에 대한 상세한 설명을 듣게 되고, 감독은 스태프의 논리에 따라 팀 운영 방식을 혁신한다.

그가 채택한 새로운 기준은 타자들을 출루율과 장타율로 투수는 땅볼과 뜬 공의 비율, 사사구 비율을 기준으로 선발하는 것이었다. 이렇게 했던 이유는 경기에서 승리하는 유일한 방법은 상대보다 많은 점수를 내야 하고, 점수를 내려면 타자가 무조건 살아서 출루해야 한다는 확신 때문이었다. 이렇게 구단의 운영 방식을 바꾸자 기존에 좋은 대접을 받던 선수들은 물론이고 기존의 운영 방식에 익숙한 코치와 스카우터들이 반발하고 거세게 저항했다. 하지만 감독은 자신의 확신을 굽히지 않고 초지일관하며 밀어붙였다.

어느 시점이 되자 팀은 경기에서 승리하기 시작했고, 마침내 리그 정상에 오르는 성과를 기록했다. 나머지 스토리는 영화를 직접 보기 바란다.

"기발한 아이디어를 어떻게 찾을 수 있을까?"

단지 열심히 아이디어 찾기를 시도하면 놀라운 아이디어가 머릿속에서 불쑥 튀어나올까? 기발한 아이디어는 의지가 있다고 그냥 나오는 게 아니다. 단계별로 체계적인 접근 방식을 사용하거나, 여러 방향의 관점으로 질문을 던져야 한다. 때로는 〈머니볼〉에서처럼 다른 사람의 의견이나 아이디어에 귀를 기울이고 심사숙고하는 것도 필요하다. 많은 경험을 가진 상사나 리더들은 자신이 해당 분야에서 경험이 많아 최고전문가라고 자신하면서 다른 사람의 의견을 무시하거나 외면한다. 그러면 자신이 갖고 있는 고정관념이나 상자 안 사고에서 벗어나지 못한 채 문제해결에 실패한다.

문제해결의 시작은 다양한 문제 중에서 어느 것을 먼저 해결할 것인지 우선순위를 정하여 실행하는 것이다. 우선순위는 해결할 문제의 주제를 정하는 것과 같다. 문제를 해결하는 주체는 개인과 조직 두 가지로 구분되는데, 어느 것이든 문제해결을 하는 방법과 프로세스는 대동소이하다. 이 책에서는 개인적인 차원보다 조직적인 차원에서 리더들이 문제를 해결하는 방법에 초점을 맞추어 설명한다.

문제해결을 위해서는 조직 내의 여러 사람들이 한자리에 모여서 소통하게 된다. 주제를 정하는 게 첫 번째 단계인데, 어떤 방법으로 주제를 정하면 좋은지에 대해 설명한다.

| 목표를 세울 때는 리더가 나서야 한다 |

문제해결을 위해서 모였다면 먼서 스폰서(결과에 대해 의사결정을 하는 상사)가 적절한 주제를 선정해야 하고, 주제 선정의 방향과 범위는 스폰서의 의지와 목적에 따라 다르다.

미팅 방법이나 퍼실리테이션에 대한 교육이나 컨설팅을 진행할 때, 고객으로부터 주제는 어떤 방법으로 선정하는 게 가장 좋은지에 대해 질문을 받는다. 특히 단발성이 아니고 회사와 조직을 변화시키고 혁신하기 위한 방안으로 전사적 차원에서 일정 기간 동안 지속적으로 다양한 회의를 추진하기 위한 경우, 주제가 고갈되어 다룰 만한 사안이나 적절한 이슈를 찾기 어렵다고 하는데 이때 효과적으로 활용할 수 있는 두 가지 방법을 소개한다.

주제를 선정하는 방법에는 크게 두 가지가 있다. 첫째는 스폰서가 직접 정하는 경우, 둘째는 사내에서 미리 수집한 주제 풀에서 적절한 주제를 선택하는 경우다.

1) 스폰서가 직접 선정하는 경우

스폰서가 조직을 운영하는 데 있어서 시급히 해결할 사항이 있다면, 그와 관련된 주제를 우선적으로 정하면 된다. 또한 스폰서를 위해 일하는 사람들로부터 제안을 받아 선정해도 좋다. 주제를 선정할 때는 'SMARTA'라는 기준을 따르면 된다.

SMARTA

○ Specific(구체적인): 주제는 구체적이고 명확해야 한다.

○ Measurable(측정 가능한): 성과 측정이 가능해야 한다.

○ Attainable(달성 가능한): 목표 달성이 가능해야 한다.

○ Result–Oriented(결과 지향): 결과나 성과 도출이 가능해야 한다.

○ Time–bounded(시간 제한성): 일정 기간 내에 실천 가능한 것이어야 한다(초기 3개월 이내).

○ Authority(스폰서 권한 내): 스폰서의 의사결정 권한 내에 있는 것이어야 한다.

2) 주제 풀POOL을 활용하는 경우

스폰서가 주제를 선정하기 어려울 때는 추진 팀에서 미리 구축한 주제 풀을 활용해도 좋다. 일반적으로 주제 풀은 다양한 분야에서 미팅의 주제로 사용할 수 있는 것들을 취합한 것으로 구축하면 되는데, 전사적으로 주제 풀 구축을 위해 직원들로부터 아이디어를 모으는 경우 카테고리나 가이드를 제시하는 방법으로 BSC(Balanced Score Card, 균형성과지표)를 활용하면 좋다.

BSC에 의한 방법으로 주제 풀을 구축한 다음 사례를 참고하면 된다.

고객 관점

* 협력업체 전략 개발

  – 가맹점(대리점) 활성화를 위한 운영 체계 개선 방안

  – 가맹점 관리 계약 효율화

  – OEM 품질 관리 체계 수립

* 조직원 관리 전략 개발

  – 노사가 일을 통해 협력할 수 있는 방안 수립

  – 수평적 커뮤니케이션의 활성화

  – 팀워크 구축, 정보 공유 등

* VOC(고객의 소리) 효율적 관리 방안

재무 관점

* 자금 관리 체계화

  – 주문, 수금 프로세스 단축 방안

  – OEM 및 구매 프로세스 단축 방안

  – 재고 감축, 원가 절감 시스템 구축

* 성과급, 보상 관리 체계 구축

- 수당 및 보상 관리 체계 관리(영업) 방안
- 단위 생산성 향상 프로세스 개발

프로세스 관점

* 업무 의사결정 프로세스 확립
  - 업무 위임 전결 체계의 명료화
  - 불필요한 회의, 보고 절차 제거안
* 사업 계획 프로세스 구축안
  - 중장기 및 연간 사업 계획 수립 절차 개발
  - 예산 편성 및 운영 프로세스 수립
* 마케팅 프로세스 체계화 방안
  - 고객 커뮤니케이션 방안
  - 사업부 관리 방안

학습과 성장 관점

* 조직 비전 및 가치 공유 방안
  - 회사의 새로운 비전, 미션 설정
  - 조직원 가치 공유 방안
* 조직원 역량 육성 계획안
  - 학습 조직 문화 구축 방안

– 핵심 역량 개발 시스템 구축

* 리더급의 리더십 역량 육성 방안

– 성과 및 조식 관리 역량 향상 방안

– 조직 내의 커뮤니케이션 활성화 계획

3) 미팅의 주제를 선정할 때 유의할 점

* 스폰서와 참가자 모두의 관심 영역

* 비전이나 경영 방침 연계성

* 명확하고 구체적인 이슈(명확한 목표)

* 가시적 성과 가능성

* 신속한 해결 가능성(3개월 이내)

* 참가자의 전문성 고려

* 너무 광범위하거나 좁지 않은 것

* 비교적 구체적인 것

문제해결을 위한 미팅의 주제를 선정할 때에는 스폰서가 일방적으로 하기보다는 참가하는 사람들의 의견을 사전에 듣고 반영하는 것도 필요하다. 그래야 참가자들이 오너십과 자발성을 갖고 토론과 아이디어 도출에 적극적으로 참여하게 된다.

문제해결을 위한 미팅 주제가 결정되면, 다음 단계는 문제해결의 목적과 목표를 정의해야 하는데 이것을 제대로 하려면 모든 참가자들이 주제에 대해서 다루어야 할 방향과 범위를 이해하고 공감해야 한다. 왜냐하면 문제해결의 주제는 대부분 조직에서 주로 상사나 리더들이 결정하므로, 미팅에 참가하는 팀원이나 구성원들은 주제를 보자마자 바로 이해하기에는 무리가 있기 때문이다. 그래서 주제 구체화라는 단계를 진행하는 게 좋다. 이제부터 문제해결을 위한 과정에서 주제를 구체화하는 방법을 설명한다.

| 모두가 하나의 의견을 공유하라 |

주제는 일반적으로 리더가 선정하여 진행한다. 그런데 리더가 정한 주제는 리더의 머릿속에서 꺼낸 것이라 리더 자신은 주제의 방향이나 범위 그리고 기대하는 결과에 대해 어느 정도의 상세한 그림을 그릴 수 있지만, 리더가 선정한 똑같은 내용의 주제를 미팅에 참여하는 참가자들에게 알려주어도 리더와는 다른 방향이나 목적으로 오해하기 쉽다. 이런 상태에서는 리더가 생각하거나 기대하는 것과 전혀 다른 방향이나 내용의 토론만 오고 가는 경우가 비일비재하다. 그러다 보니 토의는 겉돌기 일쑤고, 좀처럼 앞으로 나아가지 못하고, 같은 자리를 맴도는 상황에 직면한다. 결국 시간이 지나 마쳐야 할 때가 되었을 때 결론을 내리지 못한 채 다음을 기약하는 경우가 대부분이다.

이런 상황을 방지하려면 리더가 선정한 주제에 대해 참가자들이 충분히 공감하고 인지해야 한다. 이를 위해서는 주제를 보다 상세히 정의하고 모든 참여자들이 공감하는 과정을 반드시 거쳐야 하는데, 이것을 "주제 구체화"라 부른다.

주어진 주제에 대해 참가자 전원이 인식을 공유하지 않고 토의를 진행하게 되면, 자칫 참가자 간의 기존 사고방식이나 관점의 차이로 갈등이 야기되거나 엉뚱한 방향으로 토론이 진행될 수 있다. 그렇게 되면 시간과 노력이 낭비되므로 이를 사전에 방지하여 효율적인 진행이 되도록 하는 것이 바로 주제 구체화의 목적이다.

주제를 구체화하려면 적절하고도 효과적인 도구를 사용해야 하는데, 이것을 사용하면 모든 팀원이 주제에 대한 동일한 이해와 목표를 바탕으로 토론에 임할 수 있도록 주제를 구체화할 수 있을 뿐만 아니라 토론의 방향과 범위를 확인하고 공유할 수 있다. 실행 방법은 주제에 대한 팀원 각자의 정의나 의견을 모아 15개 단어의 문장으로 만든다. 주제 구체화에서는 두 가지 도구가 동시에 사용되는데, '15개 단어 스테이트먼트'와 'In the Frame / Out of the Frame'이다. 전자는 토론을 통해 주어진 주제를 15개의 단어로 구성되는 하나의 문장으로 만드는 것이고, 후자는 토론에서 도출된 아이디어의 중심 단어가 주제의 방향이나 범위 안에 포함되는지 아니면 벗어나는지를 구분하는 것이다. 구체적인 사용법은 다음과 같다.

1) 주제에 대해 개인별로 생각하고 있는 방향이나 범위를 하나의
   문장으로 만들어 발표하도록 한다. 한 사람도 예외일 수 없으
   며, 팀원 수만큼의 문장이 모아져야 한다.
2) 각각의 문장에서 중요한 단어를 선택한 후 동그라미를 그려 구
   분한다. 1~2개 단어가 적당하다.
3) 선택된 단어 중에 방향이나 범위에 포함되는 것은 그대로 두고,
   벗어나는 것은 제외시킨다.
4) 포함된 단어들을 모아서 전체를 포괄할 수 있는 새로운 문장으
   로 만든다. 15개 단어를 사용해서 주제를 구체적으로 표현한다.

이 항목 중 1), 2), 4)는 '15 단어 스테이트먼트'이고, 3)은 'In the Frame / Out of the Frame'에 해당된다. 제출된 문장에서 중요 단어를 선택하다 보면, 다른 사람 것과 중복되는 것이 있는데, 이것은 그만큼 팀원들이 비슷한 의견을 가지고 있음을 확인하는 증거가 된다. 다음의 그림이 주제 구체화를 실시한 사례이다.

-주제에 대한 팀원 각자의 정의를 모아 15단어 정도로 구체화함

주제(구체화)	• 팀원 역량 향상을 위한 효율적인 학습 조직 문화 만들기 (효율적인 업무 수행을 위한 팀원 역량 향상 방안 만들기)

15 Words Statement

• 팀원들이 어떤 일이라도 해결할 수 있는 능력을 갖도록 분위기 조성
• 가장 적은 인원으로 PJT를 수행할 수 있는 개인 및 조직의 역량 강화
• 업무 효율 증대를 위한 개인 역량 강화
• 각 구성원들 간에 흩어져 있는 역량을 한곳에서 효율적으로 학습하여
  역량을 키움
• 업무를 효율적으로 추진하기 위해 지식과 정보를 공유하는 것(분위기)
• 업무 수행을 위한 개개인의 역량 향상으로 생산성과 효율성 증가를 위
  한 교육 및 정보 수집
• 적은 인원으로 많은 PJT를 수행할 수 있도록 팀원의 역량을 향상시킬
  수 있는 체계를 수립
• 팀원 개인은 호환성(Multi) 있는 인재 육성, 팀은 전문성 있는 조직 구축

주제의 구체화
• 효율적인 업무 수행을 위한 팀원 역량 향상 방안 만들기

IS / IS NOT

IS(in scope)	IS NOT (out scope)

주제 구체화 작업을 하면서 팀원 모두가 항상 염두에 두어야 하는 것은 주제와의 정합성을 갖도록 하는 것이다. 이것을 통해 모든 팀원들이 스폰서(의사결정권자)가 기대하는 방향이나 내용을 상기하도록 하는 효과가 있다.

문제해결을 위한 토론에서 짧은 시간 동안 많은 아이디어를 효과적으로 도출하는 도구로는 브레인스토밍*Brain Storming*이 주로 사용되는데, 이것은 머릿속에 떠오르는 생각이나 아이디어들을 아무런 제약 없이 자유롭게 쏟아내는 방식이다. 이 방법은 1941년 미국의 광고업자 알렉스 오스본에 의해 창안된 것으로 몇 사람이 모여 어떤 주제나 문제에 대해 다양한 의견이나 아이디어를 내도록 하는 기법이다.

브레인스토밍의 효과를 극대화하려면 타운미팅에 참가하는 모든 구성원들이 네 가지 규칙을 지켜야 하는데, 이것을 '브레인스토밍의 4S 원칙'이라 부른다.

* Support – 상대방 의견에 대한 판단이나 비판을 유보하고 비방도 하지 않는다.
* Silly – 무모해 보이거나 황당해 보이는 아이디어라도 적극적으로 개진한다.
* Speed – 아이디어의 질보다는 양을 추구하고, 자유로운 분위기에서 창의성의 흐름을 허용한다.
* Synergy – 다른 사람의 의견이나 아이디어를 잘 듣고 그것을 지렛대로 삼아 더 나은 아이디어가 나오도록 결합하고 통합한다.

브레인스토밍의 효과를 적극적으로 활용하려면 다음과 같은 규칙이 필요하다.

- 구성원 모두가 주제를 명확하게 이해하고, 지켜야 한 규칙을 설정한다.
- 브레인스토밍을 시작하기 전에 팀 리더는 팀원들이 주제와 문제 등을 이해하고 공감하도록 다시 한 번 정의하고 상기시킨다.
- 팀 리더는 팀원들이 좋은 아이디어를 생각해 내도록 도움이 되는 질문을 던진다.
- 팀 리더의 질문을 고려하여 팀원들은 창의적이고 기발한 아이디어를 제안하도록 노력한다.
- 서기는 아이디어가 나오는 즉시 플립 차트에 기록한다.
- 아이디어가 충분히 나와서 더 이상의 것을 찾기 어려운 상황이라도, 잠시 휴식한 후 다시 아이디어를 찾거나 브레인라이팅을 통해 팀원 각자가 아이디어 속으로 깊이 들어가도록 유도한다.

이때 팀원들은 자신의 생각이나 의견을 너무 장황하게 설명하지 말고, 간결하게 핵심 위주로 말해야 한다. 그렇지 않으면 두 가지 문제가 발생할 수 있다. 하나는 장황한 설명으로 인해 서기가 발표 내용을 플립 차트에 기록하기가 어렵다는 점, 다른 하나는 한 사람이 너무 많은 시간을 사용함으로써 다른 사람의 발표 기회를 뺏거나 지루하게 만들 수 있다는 점이다.

연구 조사에 의하면 도출된 아이디어의 숫자가 적은 경우에는 획
기적이거나 혁신적인 아이디어에 접근하지 못하지만, 300개 이상의
아이디어가 나오면 이때부터는 창의적인 아이디어가 도출될 가능성
이 높아진다고 한다. 그래서 이것을 '300 대 1의 법칙'이라 부른다. 따
라서 가능하면 많은 수의 아이디어를 찾는 것이 중요하다.

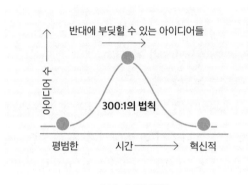

300 대 1의 법칙

팀원들이 의견을 발표하는 방법은 브레인스토밍과 브레인라이팅
으로 구분되는데 브레인스토밍에는 두 가지 방식이 있다. 앉아 있는
순서대로 한 사람씩 돌아가면서 발표하는 라운드 로빈*Round-Robin* 방
식, 순서와 관계없이 생각나는 대로 아무나 발표하는 프리휠링*Free-
wheeling* 방식이 있다.

Free-wheeling
* 자발적으로 Idea 발표 * 서기는 Idea를 그대로 기록
Round-Robin
* 순서대로 Idea 발표 * 몇 번씩 Idea를 낼 때까지 계속
Slip Method
* Idea를 포스트잇에 기록 * Idea 수집 / 분류

브레인스토밍의 세 가지 방식

브레인라이팅은 슬립 메소드*Slip Method*라고도 한다. 브레인라이팅을 할 때 유의할 점은 포스트잇 한 장에 아이디어를 하나만 쓰는 것인데, 그래야만 포스트잇에 기록된 아이디어를 필요에 따라 카테고리로 분류하기 쉽다. 기록할 때도 장황하고 긴 문장보다는 간결하면서도 표현하고자 하는 핵심이 구체적이고 명확하게 드러나도록 해야한다.

미팅은 주제에 대해 문제점과 원인을 분석하고 창의적인 해결 방안을 찾는 것으로, 결국 문제해결을 위한 것이다. 따라서 문제해결을 효과적이고 효율적으로 하려면 한 사람이 보는 관점이나 분석보다는 여러 사람이 다양한 관점으로 보고 함께 분석하는 것이 좋다. 그리고 나와 다른 생각이나 아이디어를 가진 사람들의 의견을 듣고, 그것을 활용하려면 상대방의 말에 귀를 기울여야 한다. 문제에 대한 주체나 발생 원인을 제대로 파악하는 것도 필요하고, 특히 문제나 원인을 깊이 있게 파악해야 좋은 해결책을 찾기도 쉽다. 문제나 원인을 그 자체로만 보지 말고, 다른 문제나 원인들과 연계하거나 확대시켜 보는 시각이 절대적으로 필요하다.

브레인스토밍에서 좋은 아이디어를 찾기 위해서는 선입견과 고정관념, 폐쇄성 그리고 불가능하다는 생각은 버려야 한다. 반면에 팀원들이 적극적으로 받아들여야 하는 태도로는 다른 사람의 아이디어에 편승하기, 핵심 사항이나 결론부터 말하기, 상대방의 말에 경청하기, 유연하고 열린 마음을 갖는 것 등이 있다. 브레인스토밍은 다음과 같은 단계로 진행한다.

주제·문제의 설명	의견·아이디어 메모	의견·아이디어 발표/기재	토론/수정· 보완·삭제

리더는 다루고자 하는 주제를 팀원들이 명확하게 이해하도록 설명하고, 리더를 포함한 팀원 모두는 문제나 주제에 대한 자신의 의견이나 아이디어를 종이에 최대한 많이 메모하도록 한다. 이어서 의견이나 아이디어를 발표할 때는 차례대로 돌아가면서 발표하고, 더 이상의 아이디어가 나오지 않을 때는 토론을 통해서 수정 및 보완한다.

한편 브레인스토밍과 달리 브레인라이팅은 짧은 시간 동안 많은 아이디어를 창출하기 위해 사용되는 팀 접근법이다. 이 기법은 브레인스토밍의 여러 특징들을 결합한 것으로, 브레인스토밍에 비해서 아이디어의 수는 상대적으로 직지만 충분히 성숙된 아이디어가 많이 나온다.

주제 명기	각자 아이디어 쓰고 돌려보기	다른 사람의 아이디어 검토	작성된 시트 취합·개시	아이디어 평가

이 기법은 다른 사람 앞에서 말하기를 꺼려하거나 두려움을 갖는 사람들에게 효과적이다. 간혹 브레인스토밍에 의해 팀의 토론 분위기가 너무 고조되거나 산만해지고, 도출되는 아이디어의 질이 떨어지는 경우에는 팀 리더가 의도적으로 브레인라이팅을 활용하면 좋다.

브레인라이팅은 다음과 같이 5단계로 진행한다.
1) 주제를 명기하기
2) 각자 아이디어를 쓰고 둘러보기
3) 다른 사람들의 아이디어를 검토하기
4) 작성된 시트를 취합하기
5) 아이디어를 평가하고 선정하기

이 외에도 아이디어를 도출하는 기법으로 SCAMPER, 만다라트 등이 있는데, 모두가 아이디어를 효과적으로 생각해 내고 도출하는 데 도움을 주는 유용한 도구들이다. 도구를 잘 활용하는 것도 좋은 아이디어를 개발하는 기술이므로, 도구 활용법을 제대로 익혀서 아이디어가 필요한 토론에 적용해 보자.

2

2단계
- 문제 정의

Problem

Objective & Goal

Symptom
&
Problem

Root Cause

2장 모든 해결은 문제를 인식하는 것에서 시작한다

| 허쉬 초콜릿을 온라인에서 구매하게 만들기 |

2단계 Define에서 사용하는 질문은 다음과 같다.

1) 증상으로 야기되는 문제까지 정의했는가?

2) 중복되거나 누락된 것은 없는가(MECE)?

3) 내부와 외부 요인의 문제를 균형 있게 다루었는가?

4) 다양한 카테고리를 정의했는가?

5) 문제에 대해 다른 관점이나 방향으로 도출했는가?

6) 도출된 의견이나 문제에 대해 도전적인 질문들을 했는가?

7) 본인이 소속된 부서나 팀의 문제점도 솔직히 찾았는가?

8) 아이디어를 발산하고 나서, 핵심문제로 수렴했는가?

9) 문제의 주체와 객체를 명확히 서술했는가?

10) 문제가 영향을 주는 범위와 파장, 빈도를 정의했는가?

11) 단어가 아닌 문장으로 서술했는가? (문제서술문)

우리에게 나타난 문제를 어떻게 바라보고 이해하는가에 따라 문제해결의 방향성과 성패가 좌우된다. 특히 발생된 문제가 일시적인 현상인지, 아니면 앞으로도 계속될 것인지에 따라 문제해결의 방법도 달리 해야 한다. 최근에는 SNS의 확산으로 대부분의 사람들이 이것을 사용하고 여기서 다른 사람들과 소통하고, 자신의 생각과 일상을 공유한다. 그래서 인터넷에는 하루에도 엄청난 크기의 데이터들이 만들어진다. 과거에는 이런 비정형의 빅데이터가 있어도 이것을 과학적이고 체계적으로 분석할 수 있는 슈퍼급 컴퓨터가 부재하여 빅데이터를 분석할 수 없었다. 하지만 최근에는 슈퍼급 컴퓨터가 일상화되고, 빅데이터를 분석하고 가공할 수 있는 머신러닝이나 딥러닝 기술이 발전하여 이것이 가능해졌다.

하지만 과거처럼 아날로그식 사고에 매몰된 개인이나 기업들은 디지털 변환의 시대가 바로 옆에 왔어도, 이것을 알아차리지 못하는 실수를 범하기도 한다. 특히 기존에 해오던 방식 그대로 제조나 판매를 하던 기업은 고정관념의 틀을 벗어나지 못하여 디지털로 무장한 새로운 경쟁자들에게 시장과 고객을 모두 내주고 망하는 사례도 비일비재한 세상이 도래했다.

2010년 중반이 되자 온라인 쇼핑몰이 대세로 자리 잡으며 오프라인 매장이 쇠퇴하고 매대의 진열장에서 판매하던 허쉬도 동반하여 추락했다. 심각한 문제에 직면한 허쉬의 경영진은 기존과 달리 새로운 발상으로 전환하여 공급망부터 판매 방법까지 모든 것을 디지털로 전환하는 디지털 전략을 만들었다. 빠르게 변화되는 시장 상황과 소비자의 구매 방법을 따라잡지 못하면 우량기업도 도미노처럼 쓰러질 거라 확신하고 새로운 전략을 구사했다.

허쉬가 택한 디지털 전략은 오프라인 매장만이 아니고 온라인에서도 허쉬를 구매하도록 하는 것이며 이를 위해 데이터를 수집하고 분석했다. 그리고 구글과 아마존 검색 데이터를 분석해서 소비자들은 검색 시에 히트상품이 아니고 맛을 묘사하는 키워드 검색을 하고 있음을 발견했다. 그래서 아마존 페이지 상위에 노출시킬 대표 상품을 브랜드가 아닌 맛을 기준으로 선택했다. 즉 맛이 가장 좋은 제품을 선정하여 노출하는 전략을 택했다. 여기에 더하여 소비자들의 구매와 소비 행동 데이터도 분석하여 단일 제품보다 세트 제품으로 구매하여 소비한다는 것을 찾아냈다.

예를 들어 밤을 새워 게임을 하는 사람들이 피로를 이기고 에너지를 보충하기 위해서 에너지 드링크와 허쉬의 '리세스 킹 사이즈바'를 즐겨 먹는 것을 발견하여 두 가지를 묶음으로 판매하는 전략을 구사했다. SNS 데이터를 분석했더니 소비자들이 커피를 마실 때 킷캣을 함께 먹는 것을 발견하여, 출근 시 던킨에서 커피를 구매하는 고객들이 계산대에서 킷캣을 추가 구매하도록 진열하여 팔았다.

허쉬처럼 식품이나 간식을 제조하여 오프라인 매장에서 판매하는 회사들은 많다. 그래서 기존 식품업계의 강자들은 소비자들의 구매 행태가 온라인 쇼핑으로 자리 잡으면서 매출이 급격히 하락하는 문제에 직면하고 있는데, 허쉬는 발상의 전환을 통해 온라인에서 먹힐 수 있는 전략으로 디지털 트랜스포메이션을 선택하여 성공했다. 과거에는 소비자에 대한 구매와 소비 데이터를 얻는 게 제한적이었지만, 지금은 SNS와 구매에 대한 빅데이터를 쉽게 얻을 수 있어, 이것을 수집하고 분석하여 바뀐 시장과 고객을 찾고 발견하여 문제를 해결해야 한다. 따라서 4차산업혁명 시대와 기술이 노래하면서 디지딜 진략은 개인이나 조직의 생존을 위한 선택이 아닌 필수가 되었다.

새로운 변화와 문제의 등장을 기존 방식으로 바라보거나 분석해서는 기회를 만들 수도 없고, 현재의 문제를 해결할 수도 없다. 고정관념이 아니고 다양한 관점으로 문제와 기회를 바라보고 생각해야 하는 시대가 됐다.

길거리에서 관광객이나 사람들이 주변의 관광 정보나 위치를 찾고자 할 때, 인포데스크나 도움을 줄 사람을 찾기 어렵다. 그래서 한 사회적 기업이 정보를 제공하는 인포키오스크를 개발하기 위한 초기

키오스크

아이디어를 만든다고 해 보자. 현재 이들은 단지 간단한 초기 아이디어만 갖고 있는 상태다. 이런 상태에서 다음과 같은 최종 결과물을 즉시 스케치할 수 있을까?

"우리가 개발하려고 하는 것은 어떤 것인가?"라는 질문에 대해서 다음과 같이 정리할 수 있을 것이다.

* 시내의 거리에서 사람들에게 위치나 방향에 대한 정보를 제공한다.
* 외국인과 내국인 모두에게 사용 가능하도록 다국어 선택 기능을 제공한다.
* 야간에도 이용 가능하도록 밝은 조명을 부착한다.
* 사용이 편리하고 친근한 이미지의 디자인을 적용한다.

이어서 "개발상의 제약 사항은 무엇인가?"라는 질문에 대해서는 다음과 같은 생각을 글로 정리할 수 있다.

* 동반자 2~3명이 함께 화면을 보면서 사용할 수 있도록 최소 40인치 이상의 화면을 제공한다.
* 길거리 보행자들의 이동이나 시야를 방해하지 않도록 설계한다.
* 성인 외에 어린이도 사용할 수 있도록 한다.

증상과 문제를 정확히 파악하려면 문제를 제대로 분석해야 하는

데 적절하고 효과적인 문제 분석 도구를 선정하여 적용할 필요가 있다. 이제부터 문제 분석용 도구와 활용법을 설명한다.

| 현재 놓인 상황을 제대로 파악하려면 |

문제가 정확히 무엇인지 정의하고 다양한 아이디어를 찾은 후에는 문제를 체계화하고 세부적으로 분석해야 한다. 만약 이러한 과정을 거치지 않으면, 문제 분석에 대한 깊이가 낮아서 문제의 핵심을 놓치기 쉽다. 또한 이후에 진행되는 해결 방안 도출 과정에서도 효과적인 해결책을 찾기 어렵다. 그렇게 되면, 결국 미팅은 아무런 소득 없이 끝나게 된다. 문제해결을 위해 자주 사용하는 문제 분석용 도구는, 아이디어를 모은 후에 그룹으로 묶는 '카테고리법'과 문제를 구체적이면서 현재의 상태와 바라는 상태로 표현하는 '문제 진술법'이 있다.

1) 카테고리법

아이디어 메모 ▶ 아이디어 나열과 명료화 ▶ 아이디어의 분류 ▶ 소제목 부여 카테고리법은 일정한 주제에 대해 모든 팀원들이 다양한 아이디어를 도출한 후, 관련성이 있는 아이디어끼리 한데 묶어서 분류 정리함으로써 문제해결의 방안을 찾아내는 기법이다. 다만 이 기법은 너무 간단한 문제나 매우 빠른 시간 내에 솔루션이 필요한 경우에는 적합하지 않다. 사용 방법은 다음과 같은 4단계로 진행된다. 이것을 그림으로 나타내면 다음과 같다.

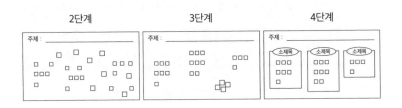

카테고리 분류 단계

2) 문제 진술법

타운미팅의 문제에 대해 구체적이고 완벽한 문제 진술서를 만드는 데 사용하는 도구로서, 해결하려는 문제의 현재 상태와 바람직한 상태를 기술하는 방식이다. 가장 먼저 진술하게 될 현재 상태는 존재하고 있는 그대로의 모습을 기술하는 것이 중요하다. 또한 문제 진술의 조건은 구체적이지 않아야 하고 문제의 원인이나 해결책도 포함되어서는 안 된다. 사용 방법은 다음과 같은 3단계로 진행된다.

문제의 "현재 상태" 기술 ▸ 문세 해결의 수준 결정 ▸ "바람직한 상태"의 기술

　문제를 어떻게 정의하느냐에 따라 문제를 해결하는 솔루션의 방향성도 영향을 받는다. 이 말은 문제를 정의하는 방향에 따라 솔루션도 그 방향에 얼라인먼트 된다는 말이다.

　예를 들어 마트에서 계산을 기다리는 고객들이 서 있는 줄이 너무 긴 것이 문제라고 정의하면, 솔루션은 줄을 짧게 만드는 방안으로 생각하게 된다. 그러면 계산하는 창구와 계산원의 숫자를 늘려야 하는데, 이것은 엄청난 비용과 자원이 투입되어 회사에도 큰 부담을 주게 되는 솔루션이다. 하지만 마트에서 계산을 기다리는 고객의 줄이 긴 것이 문제가 아니고, "기다리는 동안 지루함을 느끼는 게 문제다"라고 정의하면, 고객들의 지루함을 없애줄 수 있는 이벤트나 볼거리를 제공하면 충분할 수 있다. 이것을 하는 데는 그리 큰 비용 부담이 되지 않으므로 효과적인 문제 해결책이 될 수 있다.

　다음 이미지들은 브레인스토밍과 브레인라이팅을 통해서 분야별로 도출된 아이디어와 의견들을 정리한 사례다.

문제점 도출 - Brainstorming 후 Synthesize하여 핵심 문제점 도출

주제(구체화)
- 팀원 역량 향상을 위한 효율적인 학습조직 문화 만들기
  (효율적인 업무 수행을 위한 팀원 역량 향상 방안 만들기)

동기부여

1. 역량개발에 대한 Incentive가 없음
2. 학습 조직 Boom up을 위한 Event가 없음
3. 학습문화 정착을 위해 인사고과에 학점 도입제를 만들어 개인에게 인센티브를 적용하는 제도가 없음
4. 회사의 동기부여가 부족함
5. 영어, 회계 중심의 인사평가제도

자원

1. 사업분야가 넓어 전문가 육성에 어려움 있음
2. 정보전수를 위한 전문가 집단 부족

문제점 도출 - Brainstorming 후 Synthesize하여 핵심 문제점 도출

주제(구체화)
- 팀원 역량 향상을 위한 효율적인 학습조직 문화 만들기
  (효율적인 업무 수행을 위한 팀원 역량 향상 방안 만들기)

환경

1. 개인 역량 강화를 위한 동기부여 및 여건이 열악함
2. 지역적인 여건으로 팀원 학습 기회 부족(현장근무자)
3. 현장 근무 직원들은 학습하기 위해 한 장소에 모이기가 어려움
4. 개인 업무량 과다로 학습할 시간이 적음
5. 쉬는 날이 너무 많음(연차, 휴가 등)
6. 불필요한 업무에 시간을 많이 빼앗겨 역량개발 시간이 부족함
7. 전문지식을 공부하려 할 때 자료가 부족함
8. 근무지 변경으로 인한 지속적인 학습기회 상실
9. 전문성과 다양성을 다 얻으려는 노력을 하기에 힘듦
10. 교육 일정을 잡아도 뜻하지 않은 일이 생겨 참여하기 어려움

주제(구체화)	• 팀원 역량 향상을 위한 효율적인 학습조직 문화 만들기 (효율적인 업무 수행을 위한 팀원 역량 향상 방안 만들기)

사람

증상 (X)	증상으로 인한 문제 (O)
1. 팀장들이 팀원들의 역량 향상에 대한 관심 부족	=> 팀장들이 팀원들의 역량 향상에 대한 관심 부족으로 스스로 학습하지 않는다
2. 팀원 자신들도 역량강화에 대한 관심이 없음	=> 팀원 자신들도 역량강화에 대한 관심이 없어 역량강화가 안된다

3. 팀장이 너무 바쁨(업무 과중함)
4. 일 잘하는 직원에 대해서만 팀장들이 관심을 갖는다
5. 비 핵심인재들의 사기 저하(의욕 저하)
6. 팀장 역량강화 스킬 부족
7. 팀장이 적재적소에 배치되지 않아 팀원에게 지식 전수 미흡
8. 교육 기회가 일부 팀원에게 편중되는 경우가 있음
9. 개인적인 학습의욕 부족
10. 팀장이나 팀원 모두 스스로의 눈높이가 낮아 현재에 만족
11. 교육에 대한 필요인식 부족
12. 팀원 역량 강화를 위한 열정과 의지 부족
13. 개개인의 새로운 보직에 대한 도전의식 결여
14. 교양 교육(개인 소양 등)을 위한 기회와 개인적 노력 부족
15. 전문기술분야 이외에 대한 타 분야 업무이해를 돕기 위해 자신의 역량을 키우고자 하는 자세가 부족함

2장 모든 해결은 문제를 인식하는 것에서 시작한다

주제(구체화)	• 팀원 역량 향상을 위한 효율적인 학습조직 문화 만들기 (효율적인 업무 수행을 위한 팀원 역량 향상 방안 만들기)

제도/시스템

1. 교육에 대한 이력관리 / Program 정립 미흡
2. 직급별로 구체적인 자격요건이 수립되어 있지 않음(업무역량의 Level 정도)
3. 진급 기준이 영어, 회계에 편중되어 업무 기술 개발이 되지 못함
4. 직무교육을 위한 시스템 부족(공무, 마케팅)
5. 인정에 치우친 인사 조치(순환보직 미흡)
6. 장기적인 역량향상을 위한 회사의 지원 부족
7. 인적자원의 호환성이 없음
8. 주요 문제점 해결 사례 공유 기회가 부족함(팀 간, 개인 간 공유)

이처럼 문제를 정의하는 것이 매우 중요하므로, 가능하면 문제를 다양한 방향으로 바라보고 정의해야 한다.

3

Problem

Objective & Goal

Symptom
&
Problem

Root Cause

1. Identify

4. Develop

2. Define

3. Analyze

5. Execute

6. Review

2A4 Cube©

| 어디부터 잘못되었을까? |

3단계 Analyze에서 사용하는 질문은 다음과 같다.

    1) 원인과 결과가 논리적으로 인과관계가 되도록 구조화했는가?

    2) 중복되거나 누락된 것은 없는가(MECE)?

    3) 내부와 외부 요인의 원인을 균형 있게 다루었는가?

    4) 다양한 카테고리를 다루었는가?

    5) 원인에 대해 다른 관점이나 방향으로 도출했는가?

    6) 도출된 의견이나 원인에 대해 도전적인 질문들을 했는가?

    7) 폭과 깊이 방향 모두 균형 있게 분석했는가?

    8) 본인이 소속된 부서나 팀의 원인도 솔직히 찾았는가?

    9) 아이디어를 발산하고 나서, 핵심원인으로 수렴했는가?

    문제의 발생 원인을 분석하는 건 매우 중요하다. 간혹 사람들은 문제해결을 할 때 문제점을 분석하고 나서, 바로 솔루션을 찾는 경우가 많은데, 이런 식으로 솔루션을 적용하면 문제가 재발하여 완벽한 문제해결이나 문제 제거가 불가능해진다. 이런 오류나 실수를 방지하는 방법은 문제를 해결하는 솔루션을 찾기 전에, 문제를 발생시키는 원인을 찾고, 이 중에서 핵심 원인을 선정하고 나서, 이것을 제거하는 솔루션을 찾아야 한다. 이렇게 하면 문제의 재발을 방지할 수 있어 제대로 된 문제해결이 가능해진다. 이제부터 원인을 분석하는 방법과 도구를 설명한다.

일반적인 문제해결 방식에서는 문제를 찾은 후에 원인을 분석하지 않고, 곧바로 문제해결 방법을 찾는다. 그러다 보면 해결 방안을 취한 후에도 또다시 같은 문제가 발생하는 경우가 생긴다. 이것은 문제가 발생하는 근본적인 원인을 제거하지 못하고, 단지 문제 발생의 현상만을 파악하여 해결책을 찾기 때문이다. 따라서 가장 효과적인 해결책을 찾는 방법은 문제만 보는 것이 아니라 문제의 원인까지 분석한 후에 해결책을 찾아야 한다. 그래서 먼저 문제를 파악한 후 원인 분석 과정을 거치게 된다. 원인 분석 도구로는 '5 Why'와 '특성 요인도'의 두 가지 도구를 사용한다.

1) 5 Why 기법

5 Why 기법은 문제에 대한 1차 원인을 찾은 후 1차 원인이 발생한 2차 원인을 찾는 식으로 반복하여 5차 원인까지 찾는 과정으로 진행된다. 이렇게 해서 5차 원인까지 찾게 되면 마지막으로 찾은 5차 원인이 문제의 가장 핵심적인 발생 원인이고, 이것을 제거하면 문제가 해결된다는 논리에 근거하고 있다. 5 Why 기법은 다음과 같이 3단계로 진행된다.

1. 문제의 구체적인 내용을 정의한다.

2. 해당 문제가 왜*Why?* 발생했는지 질문을 던지고 그에 대한 답을 찾는다.

3. 2를 계속해서 5번 질문하고 답하면 궁극적인 원인이 도출된다.

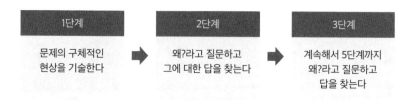

원인 분석의 각 단계에서는 2~3개의 원인을 찾는 것이 일반적이고, 다음 단계에서도 같은 수의 원인을 찾는다. 예를 들어 문제에 대한 1차 원인을 3개씩 찾는다면, 각각의 1차 원인에 대한 2차 원인도 3개씩 찾아야 하므로 2차 원인의 총 개수는 9개가 된다. 즉 3의 배수로 원인의 개수가 증가하여, 5차 원인의 개수는 최대 243개가 된다. 하지만 이것은 너무 많은 숫자이고, 타운미팅에서는 각 진행 단계마다 시간의 제약이 있기 때문에 이렇게 진행하는 것은 불가능하다. 따라서 각 단계마다의 개수는 상황에 따라 적절히 조절해야 한다. 경우에 따라서는 1~2개 이외에는 아이디어가 나오지 않을 수도 있다. 비록 어떤 단계에서 이런 상황이 되어도 숫자에 대해 크게 염려하지 말고, 다음 단계를 진행하면 된다. 이처럼 원인 분석을 5단계까지 깊이 있

게 하다 보면 다른 곳에서 나온 아이디어가 중첩되는 경우도 있는데, 중첩되어도 관계없으므로 그대로 플립 차트에 기록한다.

5 Why 기법을 통해 우리가 얻고자 하는 것은 나무의 뿌리와 같이 원인 분석 과정에서 구조적이고 상호 연관되는 원인을 찾아내어 전체적인 큰 그림을 보는 것이다. 그래야만 나중에 해결 방안을 찾을 때, 나무가 아닌 숲을 보면서 창의적인 해결책을 찾을 수 있다. 타운 미팅을 진행하면서 참가자들이 가장 어려워하고 많은 시간이 소요되는 과정이 '5 Why' 기법을 활용하는 원인 분석이다. 따라서 사용법을 정확하게 이해해야 하고, 상황에 따라서는 5단계보다 더 깊이 분석할 수도 있지만 일반적으로 5단계까지 분석하면 대부분의 근본 원인이 밝혀진다.

사용법을 이해하기 위해서 다음의 예제를 풀어 보자. "미국에 있는 제퍼슨 기념관의 벽이 새들이 배설하는 오물로 심하게 부식되는 문제가 발생했다. 이 문제를 해결하기 위한 방안을 찾아보자."

만약 원인 분석을 하지 않고 곧바로 해결책을 찾는다면, 새의 오물로 벽이 부식되니까 새를 잡거나 새로운 벽돌로 교체하는 방안이 나올 것이다. 그중에서 새 벽돌로 교체하는 방법을 채택하여 실행한다면, 일정 시간이 흐른 후에 또다시 새의 오물로 벽이 부식되는 문제가 반복된다. 이것은 문제에 대한 근본 원인을 찾지 않고 곧바로 해결책만 찾았기 때문이다.

따라서 문제에 대한 원인 분석을 5 Why 기법을 사용하여 찾아보기로 하자. 여기서는 편의상 각 단계별 원인을 1개씩만 찾는 것으로 한다. 이 문제는 미국에서 실제로 있었던 것으로, 5 Why 기법을 통해 해결책을 찾은 사례이다.

　그런데 GE에서 주로 활용하는 타운미팅에 원인을 분석하는 방법은 앞에서 설명한 5 Why 기법과 같지만, 핵심 원인은 반드시 마지막에 찾은 5차 원인만이 아니고, 이전 단계에서도 핵심 원인이 나올 수 있다. 실제 문제해결에서 5Why 기법을 사용하여 원인을 분석한 사례는 다음과 같다.

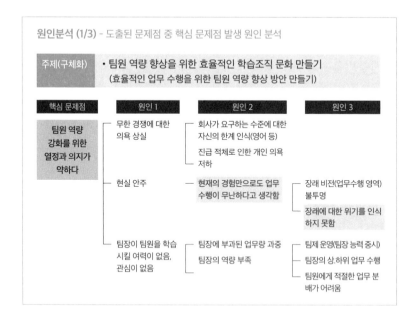

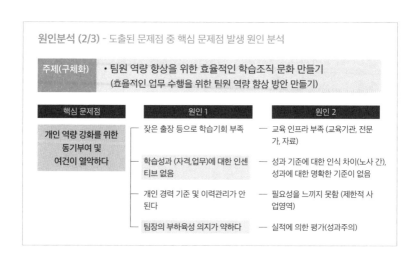

원인분석 (2/3) - 도출된 문제점 중 핵심 문제점 발생 원인 분석

주제(구체화) • 팀원 역량 향상을 위한 효율적인 학습조직 문화 만들기
(효율적인 업무 수행을 위한 팀원 역량 향상 방안 만들기)

핵심 문제점	원인 1	원인 2
개인 역량 강화를 위한 동기부여 및 여건이 열악하다	잦은 출장 등으로 학습기회 부족	교육 인프라 부족 (교육기관, 전문가, 자료)
	학습성과 (자격,업무)에 대한 인센티브 없음	성과 기준에 대한 인식 차이(노사 간), 성과에 대한 명확한 기준이 없음
	개인 경력 기준 및 이력관리가 안 된다	필요성을 느끼지 못함 (제한적 사업영역)
	팀장의 부하육성 의지가 약하다	실적에 의한 평가(성과주의)

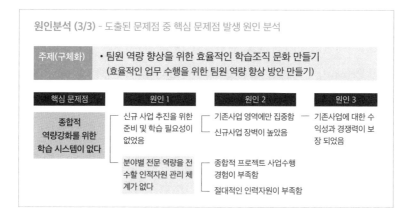

원인분석 (3/3) - 도출된 문제점 중 핵심 문제점 발생 원인 분석

주제(구체화) • 팀원 역량 향상을 위한 효율적인 학습조직 문화 만들기
(효율적인 업무 수행을 위한 팀원 역량 향상 방안 만들기)

핵심 문제점	원인 1	원인 2	원인 3
종합적 역량강화를 위한 학습 시스템이 없다	신규 사업 추진을 위한 준비 및 학습 필요성이 없었음	기존사업 영역에만 집중함 / 신규사업 장벽이 높았음	기존사업에 대한 수익성과 경쟁력이 보장 되었음
	분야별 전문 역량을 전수할 인적자원 관리 체계가 없다	종합적 프로젝트 사업수행 경험이 부족함 / 절대적인 인력자원이 부족함	

2) 특성 요인도

특성 요인도는 문제의 원인을 찾아 나가는 과정을 그림으로 표시

한 것으로, 그림이 마치 물고기의 뼈 같은 모양을 하고 있어서 피시본 다이어그램이라고도 한다. 이 기법은 문제의 잠재적 원인을 순서대로 카테고리(범주)화 하고, 그 범주에 속하는 잠재적 원인들을 모두 기술하여 찾아나가는 방식이다. 사용 방법은 다음과 같은 3단계로 진행된다.

결과의 확인 ▶ 주요 원인범주 확인 ▶ 잠재적 원인 브레인스토밍

1단계에서 결과란 변화시키고자 하는 쟁점(문제 또는 프로세스 조건)을 찾는다.

2단계에서는 찾아낸 주요 원인들을 1단계의 각 결과에 연결시킨다.

3단계에서는 결과와 원인을 대상으로 브레인스토밍을 실시하여 잠재적 원인을 찾아낸다.

원인 분석용 도구로는 이슈트리*Issue Tree*나 피시본*Fish-Bone* 등의 기법도 있는데, 효과적인 원인 분석 방법으로는 '5 Why' 기법을 주로 사용한다.

지금까지 배운 내용과 관련된 이병철 회장의 일화를 알아보자. 이병철 회장은 그룹사 CEO와의 미팅에서 항상 던지는 질문들이 있었다.

* 이야기해 봐라.
* 그것은 왜 그런가?
* 그래서 어찌 하려느냐?
* 그것이면 다 되겠나?

이병철 회장의 이와 같은 질문법은 후계자인 이건희 회장이 그대로 이어받았고, CEO 미팅에서 선친이 사용했던 질문들을 그대로 사용했고, 이런 질문들이 CEO들에게 가장 심한 스트레스였다고 한다. 특정한 주제나 방향을 정해 주고 CEO들에게 그것에 대해 이야기를 해 보라고 하면, 충분히 보고를 할 수 있겠으나, 아무런 주제나 방향도 없이 그냥 이야기해 보라고 하면, 무엇을 먼저 어떻게 해야 할지 갈피를 잡기 어렵게 되고, 이야기를 했는데 회장이 관심을 갖는 우선순위에 들지 않는 것이라면 CEO가 무엇이 가장 시급한 안건인지 파악도 못하고 엉뚱한 보고를 한다는 핀잔이 돌아올 게 뻔하기에, 회장 미팅이 있기 1주일 전부터 심한 스트레스에 시달린다고 했다.

이 이야기는, 당시 삼성 SDI CEO와 삼성인력개발원 원장을 지낸 손욱 회장이 열린 토론과 융합을 사회에 확산하는 사명을 갖고 활동하는 융합상생포럼의 설립 멤버라 자주 모임을 가졌었는데 가끔 삼성그룹에서 경험했던 것을 후일담으로 들었던 일화다.

이병철 회장의 문제해결 방법을 잘 살펴보면 '이야기해 봐라'는 지금 계열사를 경영하면서 가장 문제가 되고 심각한 것이 무엇인지 말하라는 것이다. 바로 '문제 분석'에 해당된다. '그것은 왜 그런가?'는 그런 문제가 발생한 원인과 이유가 무엇인지 말하는 것으로, '원인 분석'에 해당된다. '그래서 어찌 하려느냐?'는 원인을 찾았으니 그것을 어떻게 제거할 것인지 가장 효과적인 방안인 '해결안 도출'에 해당된다. '그것이면 다 되겠나?'는 해결안을 적용하기 위한 다양한 시도와 실행들이 더 있느냐는 것으로 '실행계획 수립'에 해당된다.

이런 질문법은 문제해결 5단계와 맥을 같이한다. 다만 1단계인 주체 구체화가 생략됐는데, 이것은 CEO 미팅을 하기 전에 주제를 공유했을 수도 있고, 아니면 삼성그룹 차원에서 특별한 주제를 정하지 않고, 시급히 다루어야 할 현안과 미래를 위해서 함께 논의할 전략적인 주제를 다루고자 하는 의도였을 수 있다. 글로벌기업들을 이끄는 최고 리더들의 문제해결법은 표현하는 단어나 용어가 달라서 그렇지 핵심은 서로 일맥상통한다.

이병철 회장은 문제를 해결하는 데 가장 핵심이 무엇이고, 그것을 어떤 순서로 진행해야 하는지를 본능적이고 직관적으로 알고 있던 경영자였다. 왜냐하면 이병철 회장이 활동하던 시절에는 지금처럼 문제해결 방법론이 제세화되지도 않있고, 교육 프로그램으로 정형화되지 못하여 배울 기회가 없었기 때문이다.

지금 삼성그룹의 CEO들은 리더나 임원 시절에 이미 문제해결을 교육과 훈련을 통해서 체계적으로 배우고 적용하는 경험과 사례를 가진 후에 경영진이 되므로, CEO들의 문제해결력도 한층 업그레이드됐다. 이 책에서 다루는 문제해결 방법은 세계적인 글로벌 기업과 국내 대기업들이 이미 도입하고 적용하여 비즈니스 현장에서 효과성이 검증된 것이다.

3장

실현되지 않은 계획은
무의미하다

1

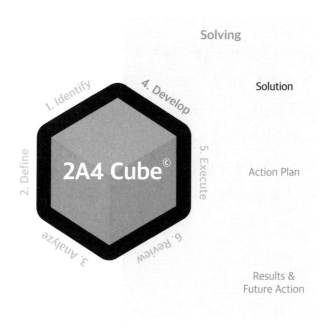

Solving

Solution

Action Plan

Results &
Future Action

3장 실현되지 않은 계획은 무의미하다

4단계 Develop에서 사용하는 질문은 다음과 같다.

    1) 개인이 아닌 조직 차원에서 페이오프—매트릭스의 실행성과 효과성을 객관

       적으로 평가했는가?

    2) 솔루션의 실행 주체가 자신이 되더라도 공정하게 평가했는가?

    3) 다양한 카테고리를 다루었는가?

    4) 솔루션 개발이나 평가 시, 개인이나 부서 이기주의에 매몰되지는 않았는가?

    5) 아이디어를 발산하고 나서, 핵심 솔루션으로 수렴했는가?

기업이나 조직에서 새로운 제품이나 서비스를 개발하여 시장에 출시할 때, 두 가지 방법을 따르는데 하나는 기획에서 양산까지 모든 과정을 회사 내에서 일괄적으로 진행하고 종료한 후에 시장에 출시하는 것으로 이것을 워터폴*Waterfall*(폭포수) 방식이라 부른다. 폭포는 맨 위 상단에서 시작하여 물이 바로 아래 단계로 떨어지고, 이것이 다시 흘러 더 아래 단계로 떨어지는 것처럼 위에서 아래로 순차적으로 진행되는 것을 의미한다.

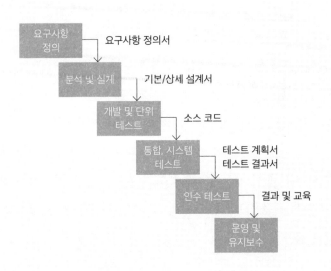

두 번째 방식은 워터폴 방식처럼 앞 단계의 과정이 끝날 때까지 기다렸다가 다음 단계로 진행하지 않고, 초기 아이디어를 가지고 완벽한 제품 설계 및 생산을 하지 않고, 빠른 시간 내에 최소한의 기능 *MVP–Minimum Viable Product*을 가진 프로토타입을 만들고, 이것을 고객에게 선을 보여 이들의 반응을 측정하고 피드백을 데이터로 만들어 분석하고 학습하고, 여기서 나온 결과물을 아이디어화 하여 제품을 고도화하고 출시하는 과정을 반복적으로 진행하는 것이다. 이때 한 번의 사이클을 돌리는 시간을 최소화하고 여러 번의 사이클을 돌려서 제품이나 서비스 개발에 고객의 반응과 피드백을 반영하는 것을 의

미한다. 이런 과정에서 개발한 상품이 고객의 니즈에 부합되지 않거나 고객이 선호하지 않는다면, 그때는 상품 개발과 출시를 포기하거나 다르게 전환하는 피봇*Pivot*(전환)을 하게 된다. 이것을 린 사이클*Lean Cycle* 또는 린 방식이라 부른다. 린 사이클은 시장에서 아이디어 검증을 위해 최소 조건으로 제품을 출시하고 성과를 측정·개선하며 성공 확률을 높여가는 경영 방법이다. 이 개념을 이용해 빠른 실험과 피드백을 지속하고 개선 과정에서 완성도를 높이는 등 민첩하게 움직일 수 있어 실패나 실수로 인한 개발비나 투자비와 같은 비용 낭비를 최소화할 수 있다.

린 사이클의 핵심은 제품에 대한 고객의 경험과 반응 그리고 피드

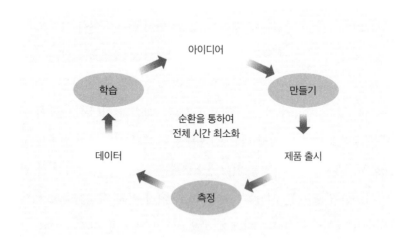

백을 받아 참고하는 것인데, 이때 고객을 만나서 의견을 듣는 인터뷰를 진행한다. 자금이 풍부한 대기업이라면 고객을 인터뷰하는 게 그리 큰 문제가 되지 않는데, 외부에 있는 인터뷰 전문 업체에게 맡기면 된다. 하지만 소기업이나 스타트업이라면 이럴 만한 경제적 여유가 없어, 자체적으로 해결해야 한다. 이들에게 이것은 가장 큰 문제로 부각된다. 왜냐하면 고객 인터뷰를 제대로 하지 못하는 경우에는 고객 반응에 대해 오해를 하거나 오류가 발생하여 회사가 존폐 위기에 놓이기도 하기 때문이다.

그래서 이번에는 제품이나 서비스 개발에서 직면하는 문제들을 어떻게 해결하면 좋을지, 고객 인터뷰 관점에서 설명한다. 고객 인터뷰는 단순히 궁금한 것을 고객에게 질문하고 대답을 듣는 작업이 아니다.

'어떻게 질문해야 고객으로부터 뻔한 대답이 아닌 깊이 있는 내용을 알아낼 수 있을까?'

고객의 행동뿐만 아니라 왜 그렇게 하는지, 정말 원하는 게 뭔지를 근본까지 파고들어 가야 하기 때문이다.(이것을 꼬리에 꼬리를 무는 질문을 한다고 해서 Deep Dive라고 부른다) 그런데 인터뷰 스킬이 부족하거나 준비가 안 된 사람이 인터뷰를 진행하는 경우, 자칫 잘못하면 고객의 생각을 듣기보다는 마치 고객이 취조를 당한다는 기분이 느끼게 되어 실패로 끝날 수 있다. 그래서 인터뷰를 진행하는 사람의 스킬과 태도가 매우 중요하다.

인터뷰를 진행하는 데 필요한 세 가지 스킬이 있는데, 첫째는 고객의 경계심이나 긴장을 허무는 것으로 이것을 해결하지 못하면 고객은 적극적으로 마음의 문을 열고 자신의 생각을 말하지 못하기 때문이다. 시작하자마자 인터뷰의 본론으로 바로 들어가지 말고, 오늘의 날씨나 지난 주말에 무엇을 하면서 시간을 보냈는지 같은 가볍고도 일상적인 대화로 말문을 열게 만드는 게 좋다. 둘째는 반응하기로, 고객이 말하는 동안 시선을 마주치면서 적극적으로 듣고 고개도 끄덕이는 게 좋다. 여기에 다음과 같은 적절한 반응을 준다면 금상첨화다.

"아, 그렇군요."
"네에. 아, 그러셨어요."
"정말 힘드셨겠네요."
"거기에 그런 게 있었군요."

셋째는 단순히 상대방의 말에 맞장구를 치거나 새로운 주제의 질문을 던지는 게 아니라, 방금 들은 내용에 대해 한발 더 깊이 파고드는 것이다. 이때는 다음과 같이 꼬리에 꼬리를 무는 질문을 활용하면 된다.

"네, ○○에서 시지 않으시게 된 거 어떤 부분 때문일까요?"

"○○를 안 쓰시는 건 결제가 불편해서인가요?"

"네… 그러셨군요. 혹시 또 다른 부분도 영향을 미친 게 있었을까요?"

"지금 설명하신 것을 조금 더 자세히 말씀해 주실래요?"

이런 질문들은 웬만한 고수가 아니면 고객과의 인터뷰를 진행하면서 즉시 머리에 떠오르지 않는다. 따라서 인터뷰에 필요한 다양한 질문들은 미리 준비하고 인터뷰에서 활용하는 게 좋다. 인터뷰를 진행할 사람은 퀵서클 4일 차인 프로토타입 제작에서 여기에 참여하지 않고, 별도로 인터뷰를 위한 질문 개발과 인터뷰 진행 스킬에 대해 준비하고 연습해야 한다.

[고객 인터뷰 모델 - QLRCQ]

고객 인터뷰를 진행하면서 고객에게 질문하고 고객이 답변을 마치면 다시 질문을 던지고 하는 식으로 해서는 문제가 발생한다. 고객이 열심히 질문에 대한 답변을 했는데도 질문자가 그것에 대해 별다른 반응을 보이지 않으면 '이 사람이 내 이야기를 잘 듣고 있는 건가?'

라며 의구심을 갖거나 인터뷰에 몰입하기 어렵기 때문이다. 그래서 개발한 것이 고객 인터뷰 모델인 "QLRCQ"다. 이것을 순서대로 활용하면 고객과의 인터뷰가 훨씬 매끄럽고 자연스럽게 진행된다.

1단계 — Question(질문하기)

고객 인터뷰의 핵심은 인터뷰를 진행하는 사람이 주도권을 갖고 대화를 진행하는 것이다. 주도권을 갖는다는 것은 상대방의 페이스에 휘말리지 않고, 대화의 방향과 내용을 자신이 원하는 대로 이끄는 것이다. 그런데 대부분의 사람들은 대화의 방향을 이끌고 주도하기 위해 질문보다는 설명하고 말하는 것에 주력한다. 이처럼 질문하지 않고 말하는 것에는 두 가지 문제가 생기는데, 첫째는 말을 하면 자신이 가지고 있는 생각이나 상황 등 다양한 정보가 노출되는 것이고, 둘째는 자신은 말하고 상대방은 듣기만 하기에 상대방의 생각이나 상황에 대해 아무런 정보도 얻을 수 없다는 것이다. "지피지기면 백전백승"이라 했는데, 상대방에 대해서는 아무것도 파악하지 못하고 반대로 자신의 정보만 실컷 준다면, 상대방에게 지는 것은 당연하지 않은가?

그럼에도 불구하고 사람들은 질문보다 말하기에 열중한다. 만약 여러분이 만난 협상이나 세일즈 테이블의 상대가 주로 듣기만 하고 간간이 질문을 던지는 사람이라면 그 사람은 고수일 가능성이 높다. 그러면 여러분은 백전백패할 것이다. 그러니 말하기 전에 다양한 질문을 던져야 한다. 질문의 방향은 자신이 주도하고자 하는 방향과 일치해야 한다. 따라서 적절하고 좋은 질문을 던지려면 사전에 질문 리스트를 만들면 된다.

2단계 ― Listen(경청하기)

경청은 단지 상대방이 말하는 것에 맞장구치고, 고개를 끄덕이고, 시선을 맞추고 열심히 듣는 것이 아니다. 만약에 여러분이 이것을 경청이라 여기고 설득하기 위한 사전 단계로 그렇게 경청한다면 상대방을 설득하기 전에 여러분이 상대방에게 설득당한다. 왜냐하면 상대방 말을 들으며 시선을 맞추고 고개를 끄덕이다 보면 상대방 말이 100% 맞는 것으로 인식되고 공감되기 때문이다. 만약에 여러분이 상대방과 대화를 하는 목적이 상대의 말을 잘 이해하고 설득되려는 것이라면 당연히 그렇게 해도 된다. 하지만 비즈니스 협상과 세일즈에서는 상대방을 설득해야 되는 것일 텐데, 다른 무언가가 필요하지 않을까?

이처럼 경청에 대한 정의가 잘못됐다면 먼저 이것을 바로잡아야 한다. 경청이란 상대방의 말속에서 사실(정보)과 감정(니즈)을 구분하는 것이다. 이것을 명확히 구분해야 상대방 설득의 단서를 얻을 수 있다. 예를 들어 상대방이 사실이나 정보를 앞세우면서 말을 하지만 말속에는 자신이 가진 문제점이나 원하는 것이 간간이 표현되기도 한다. 여러분은 이것을 캐치해야 한다.

앞에서 말한 일반적인 경청 방법은 상대방이 아무런 부담이나 거부감 없이 모든 것을 말하도록 분위기를 조성하는 도구일 뿐이다. 정리하자면 경청은 상대방이 무슨 문제나 니즈가 있는지 파악하기 위한 수단인 것이다.

3단계 — Reaction(반응하기)

경청을 통해 상대의 문제나 니즈를 파악했다면, 상대의 표현에 대해 공감하거나 잘 들었다는 반응을 보내야 한다. 만약 이것을 소홀히 해서 아무런 반응을 하지 않으면 상대는 감정이 상할 수 있고, 다음 대화에서는 적극적으로 자신의 생각이나 의견을 말하지 않는다. 그렇게 되면 여러분이 추가로 원하는 것을 얻기 어렵게 된다. 따라서 상대방이 말을 마치면 그것에 대해 "아, 그러시군요.", "그것 때문에 그렇게 심각한 문제를 경험하신 거네요."처럼 반응하여 잘 듣고 이해했다는 표시를 전해야 한다. 이렇게 반응을 보이는 것은 5단계에서 던질 질문에 대해 상대방이 무장을 해제하고 마음껏(?) 말하도록 만들기 위한 사전 포석이다.

4단계 — Confirm(확인하기)

일단 반응을 보인 후에는 자신이 듣고 이해한 것이 정확한지 아닌지 확인하는 과정이 필요하다. 만약 이것을 생략한 채 자신의 관점으로만 일방적으로 이해해 버린다면 오해하거나 심각한 오류가 발생할 수 있다. 왜냐하면 커뮤니케이션에서는 필연적으로 전달 오류나 잘못된 이해가 생기기 때문에, 확인이 중요하다. 이런 확인은 상대방을 위한 것이 아니고 바로 여러분을 위한 것이다. 상대를 정확히 알고 파악해야 다음 공격 시 정확한 사격 위치에 조준할 수 있다. 예를 들면 "지금 말씀하신 것은 이러저러한 의미가 맞나요?" 혹은 "저는 그것을 이렇게 이해했는데 제가 바로 이해한 건가요?"처럼 상대방의 설명이나 생각을 정확히 파악했는지 확인하는 것이다. 여러분의 이런 확인 질문에 상대방이 맞는지 틀린지 확인해 주는 것은 여러분에게 다음 공격을 위한 자신의 위치 좌표를 공개적으로 알려 주는 것임을 알아야 한다. 만약에 반대로 상대방이 이런 식으로 대화를 이끈다면 상대는 설득의 고수인 것이 분명하니 당하지 않게 조심해야 한다.

5단계 — Question(질문하기)

이것은 1단계의 질문하기를 반복하는 것으로 생각하면 된다. 즉 하나의 사이클을 돌고 다시 질문함으로써 새로운 설득 사이클을 시작하는 것과 같다. 하지만 이 단계의 질문은 1단계에서 던진 질문을 통해 파악하고 분석한 것을 기반으로 보다 발전되고 깊이 있게 상대를 파악하는 것이다.

해결책 중에서 가장 효과적인 방안을 찾거나 핵심 문제와 핵심 원인을 선정하려면, 과학적이고 효과적인 의사결정을 돕는 방법과 도구가 필요하다. 이제부터 의사결정에서 사용하는 방법과 도구를 설명한다.

| 여러 선택지 중 한 가지를 고르려면 |

미팅을 진행하면서 팀원들 간의 의사결정이 필요한 시점은 핵심 문제 선정, 핵심 원인 선정, 그리고 해결 방안 선정 등 세 가지다. 팀원들이 분석한 많은 의견이나 아이디어 중에서 가장 중요하거나 핵심적인 몇 개를 선정하는 것이 의사결정이다.

미팅의 의사결정에 사용되는 도구는 핵심 문제와 핵심 원인을 선정할 때 사용하는 '도트 보팅*Dot Voting, DV*'과 '피스트 투 파이브*Fist to Five, FTF*'를 사용하고, 효과적인 해결 방안을 찾는 데는 '페이오프 매트릭스*Pay-off Matrix, POM*'와 '의사결정 매트릭스*Decision Making Matrix, DMM*'의 두 가지 기법을 사용한다.

1) 도트 보팅(DV)

가장 쉬우면서도 시각적으로 효과가 있는 우선순위 결정 도구이다. 주제와 관련된 다양한 문제점들을 브레인스토밍과 브레인라이팅 방식으로 찾은 다음, 그것을 필요에 따라 카테고리법으로 분류하여 나열하는 데, 노출된 모든 문제점들에 대한 원인을 분석하는 것은 쉽지도 않고 시간 낭비의 원인이 될 수 있다. 따라서 몇 가지 중요한 문제들을 선별해야 하는데, 이것을 '핵심 문제'라고 한다. 보통은 2~3개의 핵심 문제점을 선정한 후 다음 단계에서 원인 분석을 진행하고, 이어서 핵심 원인을 선정한다. 이때 사용하는 기법이 바로 '도트 보팅'이다.

도트 보팅은 여러 개의 아이디어 중에서 자신이 가장 중요하다고 생각하는 것에 작은 원형 스티커를 붙여 투표하는 것으로, 가장 많은 표를 얻은 순서대로 세 개를 고르면 된다. 개인별로 투표하는 스티커의 개수는 전체 투표 대상 아이디어의 총 개수를 3으로 나눈 개수만큼 스티커를 붙이면 된다. 이런 공식으로 아이디어를 선정해야 변별력을 가질 수 있다.

예를 들어 문제점을 분석한 결과 모두 15개의 아이디어가 도출되었다면, 팀원들의 숫자에 관계없이 한 사람당 5표의 투표권을 갖게 된다. 스티커를 붙일 때 자신이 좋아하는 아이디어에 몇 개씩 동시에 붙이면 안 되고, 서로 다른 아이디어를 선택해야 한다. 도트 보팅을 실시하는 순서는 다음과 같다.

1. 플립 차트에 선택한 제안들의 리스트를 적는다.

2. 모든 팀원들에게 정해진 개수의 스티커를 나누어 준다.

3. 각자 자신이 원하는 제안에 스티커를 붙인다. 단 중복 선택은 허용되지 않는다.

4. 가장 많은 수의 스티커를 얻은 제안을 최종 선택한다.

다음 사진은 문제점을 대상으로 도트 보팅을 실시한 사례이다.

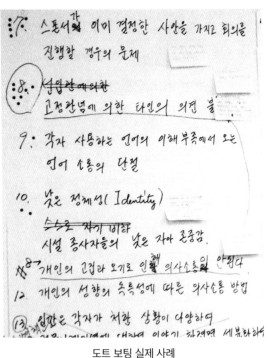

도트 보팅 실제 사례

2) 피스트 투 파이브(FTF)

투표 방식의 또 다른 기법인 피스트 투 파이브는 팀원들이 제안된 아이디어에 대해 자신의 의견을 손가락으로 표시하는 기법이다. 여러 개의 안건이나 쟁점의 우선순위를 결정할 때, 그 지지(동의) 정도를 손가락으로 나타내어 판단하는 방법이다. 이 기법의 장점은 팀원 모두가 동시에 손을 들어 다른 팀원의 영향을 받지 않는 상태에서 실시하기 때문에 절차가 간편하여 손쉽게 활용할 수 있으며, 신속하게 의사결정을 할 수 있다.

다음 그림에서 보는 것처럼 주먹을 쥐면 '0'이라는 뜻의 강한 반대를 의미한다. 주먹을 쥔 상태에서 손가락을 하나에서 다섯 개까지 펴는 숫자를 통해 자신의 의견을 표시한다. 전체 팀원들의 손가락 숫자를 모두 더하여 각 아이디어의 순위를 결정하게 된다.

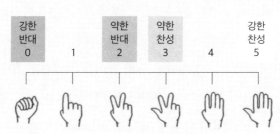

쟁점의 우선순위를 결정하는데, 지지/동의 정도를 손가락으로 표시

쟁점의 우선순위를 손가락 숫자로 표시

진행 순서는 다음과 같다.

1. 팀 리더는 우선순위를 결정해야 할 안건이나 아이디어를 정하여 팀원들에게 제시한다.
2. 팀 리더는 안건이나 쟁점에 대한 지지(동의) 정도를 손을 들어 손가락으로 표시하도록 요청한다.
3. 팀 리더는 안건이나 쟁점 하나하나에 대해 팀원들이 표시한 손가락의 개수를 집계하여 그 안건이나 아이디어 옆에 기록한다.
4. 점수가 높은 것부터 차례로 순위를 매기고 원하는 순위까지(보통 1위~3위) 선정한다. 동점으로 인해 원하는 순위 결정이 안 되는 경우에는 최종 순위만을 대상으로 다시 선정한다.

도트 보팅과 FTF의 차이점을 들자면, 전자는 팀원들이 아이디어가 기록된 플립 차트 앞으로 가서 직접 스티커를 붙이는 행동임에 반해서 후자는 앉은 자리에서 손가락으로 의사 표시를 한다. 따라서 전자는 움직임이 많은 동적인 참여로 인해 팀원들이 적극성을 가질 수 있고, 움직임이 많아 지루함이나 소극적 참여를 방지하는 효과가 있다. 타운미팅에서 자주 사용되는 기법이다. FTF 기법은 여러 차례의 타운미팅을 통해서 익숙한 단계에 와 있는 팀원들 위주로 사용된다.

3) 페이오프 매트릭스(POM)

페이오프 매트릭스 기법은 해결 방안 각각에 대해 그것을 실행하는 데 필요한 시간이나 노력 등 투자 대비 효과를 평가하는 기법으로, 일관성이 있으며 객관적인 결정을 내릴 수 있는 장점이 있다. 앞에서 설명한 도트 보팅이나 FTF는 상대 평가 방식인데 비해, POM 기법은 절대 평가 방식이다. 상대 평가는 전체 중에서 가장 순위가 높은 3개를 선정할 때 사용되지만, 절대 평가는 선정하는 개수를 미리 정하지 않고 일정 조건만 만족되면 개수에 관계없이 모두 선정하는 것이 차이점이다.

예를 들어 하나의 아이디어를 대상으로 본 평가를 하는 경우, 그것을 실행하는 데 투입되는 노력이나 비용을 10점 만점으로 몇 점 정도가 될 것인지 결정하면 X축의 좌표가 된다. 이어서 실행한 결과 얻을 수 있는 효과나 성과는 몇 점 정도가 될 것인지를 결정하면 Y축 좌표가 된다. 그리고 해당 좌표의 위치에 스티커를 붙이면 된다.

POM 구성표의 각 면이 의미하는 것은 다음 표와 같다.

등급	특징	판단
GS	적은 노력, 큰 성과	가장 좋은 아이디어이며, 이런 아이디어를 많이 찾는 것이 타운미팅의 목표이기도 하다. 타운미팅을 도입하는 초기에 이런 아이디어를 만들고, 3개월 이내에 실행하여 성과를 만드는 것이 중요하다.
EI	많은 노력, 큰 성과	성과가 높은 데 비해 많은 시간과 노력이 필요한 것으로, 장기적이고 전략적인 실행 방안이다. 아이디어도 많이 찾아야 하지만, 스폰서의 전폭적인 지원이 필요한 아이디어다.
SB	적은 노력, 적은 성과	스폰서의 지원 없이도 팀원들 스스로 즉시 실천하여 효과를 얻을 수 있는 것으로, Quick Win 또는 Quick Fix라 부른다.
SO	많은 노력, 적은 성과	투자 대비 성과가 적은 것으로 효과가 없으므로 버린다.

POM 기법의 진행 순서는 다음과 같다.

1. 각각의 실행 방안에 대해 POM으로 평가한다.
2. 팀원들 모두가 개인적으로 판단하여 X와 Y 좌표를 정한다. 그것을 포스트잇에 기록해 둔다.
3. 모든 아이디어에 대해 두 번을 반복한다(아이디어 개수만큼).
4. 각자 좌표에 해당되는 위치에 스티커를 붙인다. 평가되는 아이디어 하나당 한 장의 POM을 사용한다.
5. 팀원들이 붙인 좌표의 평균을 계산하여 평균값에 해당되는 좌표를 표시한다.

6. 네 개의 각 면에 대해 앞에서 설명한 기준으로 판단한다.

이때 유의할 사항이 있는데, 만약 평가할 대상이 10개라면, 모든 팀원이 10개에 대해 평가를 마친 후에 스티커를 붙여야 한다. 그래야만 다른 사람이 투표한 결과에 영향을 받지 않는 공정한 투표가 된다. 다음 그림을 참고하면 된다.

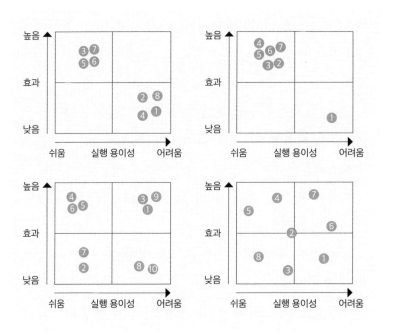

4) 의사결정 매트릭스(DMM)

페이오프 매트릭스는 판단하는 사람의 주관적 기준에 큰 영향을 받기 때문에 사람마다 마음속에서 생각하는 기준이 다르면 평가 결과도 달라진다. 그래서 공통된 기준에 대한 평가가 어려워지는 문제가 생긴다. 이것을 보완하는 방법으로 사용되는 것이 의사결정 매트릭스 기법이다. 해결 방안 각각에 대해 중요도, 긴급성, 효과성, 비용 등 네 가지 항목으로 평가한 후 합계를 산출하여 순위를 결정한다. 각 항목은 중요도에 따라 적절한 가중치를 줄 수 있다. 진행 방법은 다음과 같다.

1. 브레인스토밍을 통해 다양한 해결 방안을 찾아 기록한다.
2. 각각의 해결 방안에 대해 DMM 양식에 팀원들의 이름을 적어 넣는다.
3. 각자 아이디어를 평가하여(각 선택 안에 1점에서 5점까지 부여) 해당 칸에 숫자를 기록한다.
4. 평가 요소들에 부여된 가중치와 점수를 곱하여 각 칸에 기입한 후 총점을 계산한다.
5. 기준으로 정한 점수를 초과하는 항목을 최종 선정한다.

POM 기법은 평가가 까다롭거나 복잡하지 않은 주제를 선정할 때 사용되고, DMM 기법은 상세한 분석이나 판단 기준이 필요한 주제를 선정할 때 사용된다.

이름	중요도 (20%)	긴급성 (20%)	효과성 (40%)	비용 (20%)	합계 100	순위

의사결정 매트릭스(DMM) 표

　문제해결을 위한 토론의 주제나 목적이 불합리하거나 불필요한 것들을 해결하는 경우라면 POM 기법을 많이 사용하고, 보다 전략적이고 분석적인 것을 요구하는 주제를 다룰 경우에는 DMM 기법을 사용한다. POM 기법은 팀원 간에 많은 토론이나 대화를 필요로 하고, DMM 기법은 명확한 판단 기준이 있으므로 대화나 토론이 많이 요구되지 않는다. 주제나 상황에 따라 유연하게 판단하여 도구를 사용하면 된다.

2

Solving

Solution

Action Plan

Results &
Future Action

1. Identify

4. Develop

2. Define

5. Execute

3. Analyze

6. Review

2A4 Cube©

| 누가 언제 무엇을 어떻게 할 것인가 |

5단계 Execute에서 사용하는 질문은 다음과 같다.

1) 단계별 액티비티는 누구라도 쉽게 이해되도록 세분화하고 구체화했는가?

2) 액티비티의 실행 주체가 자신이 되더라도 솔직하게 도출했는가?

3) 담당자는 가장 적합한 사람으로 선정했는가?

4) 담당자가 실행에 필요한 것이 최대한 지원되는가?

5) 이정표(마일스톤)를 활용하여 시각적으로 나타냈는가?

해결책을 찾고 실행계획을 수립할 때, 다양한 방향과 관점으로 접근하고 검토하는 게 필요한데, 이렇게 하도록 도와주는 방법 중에 'What-How-Who-When 차트'와 'ERRC'가 있는데 이것에 대해 설명한다.

What-How-When-Who 차트

의사결정 도구에 의해서 선정된 실행 방안을 어떻게 실천할 것인지 조금 더 순차적이고 구체적인 계획을 만드는 것이 'What-How-When-Who 차트'이다. 다음에 보이는 것이 이 차트의 양식이다. 여기서 What은 실행 제안, How는 세부 실행 계획, When은 일정, Who는 담당자에 해당된다.

실행제안 - "이렇게 하겠습니다"

주제(구체화)				
실행제안	**"이렇게 하겠습니다"** **(세부 실행 계획)**	**일정**	**담당자**	**고려 사항***

이 차트의 사용 예를 들어보면 다음과 같다. 예를 들어 회의 주제
가 '팀원 역량 향상을 위한 효율적인 학습조직 문화 만들기'였고, 이
것을 구체화한 주제가 '효율적인 업무 수행을 위한 팀원 역량 향상 방
안 만들기'로 정해진 경우, 3가지 실행 제안이 마련되었고, 그것은 다
음에 오는 표의 가장 왼쪽에 기록되어 있다.

첫 번째 실행 제안은 '동일 업종의 Standard 역량이 무엇인지 정의
하고, 이를 모델화하여 자신의 수준 향상에 적용토록 한다.'로 정했
고, 이것을 실행하기 위한 세부 실천 방안은 첫째, 벤치 마킹대상 업
체 및 Standard 기준을 선정하는 것으로 7월 28일까지 담당자는 홍길

동 과장이 맡고, 이어서 관련 자료 수집 및 정리를 8월 25일까지 이순신 대리가 맡고, 회사 전체 직원들에게 공지하는 것을 9월 1일에 인사팀장이 하는 것으로 정했다.

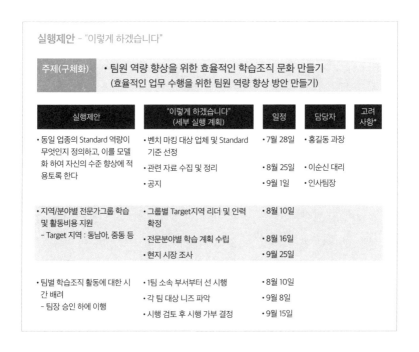

이와 같은 방식으로 다른 실행 제안들도 세부 실행 계획과 일정, 담당자를 정하면 된다.

ERRC 문제해결

기업이나 조직 내에는 다양한 문제와 이슈들이 있어 이런 문제들을 해결해야 하고, 한편으로는 기존에 없던 새로운 문제들을 찾거나 발굴하여 선제적으로 해결한다. 기존에 사람들이 문제해결에 접근하는 방법은 문제를 찾거나 분석하여 이것을 방지하거나 제거하는 방법이나 솔루션을 만들어 적용하는 것이었다. 물론 이런 접근 방식도 유용하지만 없애거나 도입하는 것은 완전한 제거나 전격적인 도입으로 매우 극단적인 경향이 있어, 실행에 상당한 저항이나 반발, 또는 추진력 상실 등이 발생한다. 따라서 이런 전격적인 접근 방식 외에 점진적인 접근 방식도 필요한데, ERRC 방식이 이것을 가능하게 만든다.

ERRC는 Eliminate(제거), Reduce(감소), Raise(증가), Create(추가)의 약자이기도 하다. 제거는 완전히 없애야 할 것이고 감소는 완전히 없애는 게 아니고 줄이거나 축소시키는 것이고, 증가는 기존보다 조금 더 적용하거나 실행하는 것이고, 추가는 이전에는 안 하던 것을 새롭게 도입하거나 실행하는 것이다. 이처럼 네 가지 관점으로 접근하는 ERRC 방식이 점진적인 문제해결 접근법이다. 이것을 도식화하면 다음과 같다.

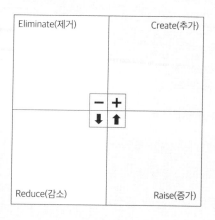

ERRC 매트릭스

예를 들어 간혹 문제를 일으키는 제도나 시스템이 있다면, 이것을 완전히 없애기보다는 이 중에서 가장 심각한 문제를 야기하는 항목을 선별하여 이것만 우선적으로 제거할 수 있다. 또한 회사 내에 어떤 활동이 필요하지만 지나치게 자주 실행되어 오히려 또 다른 문제나 낭비를 일으킨다면 이것은 이전보다 감소시키면 되고, 반대로 어떤 활동이 있는데 매우 효과적인데도 불구하고 실행 횟수가 적다면 이것은 증가시키면 되고, 지금까지 한 번도 실행하거나 도입되지 못한 활동인데 한번 시도해 볼 만한 가치가 있는 거라면, 이것은 새롭게 추가하면 된다.

이처럼 문제가 되거나 불필요한 것들은 찾아서 제거하거나 감소시키고, 유용하거나 필요한 것들은 증가시키거나 추가하면 된다. 이렇게 문제를 해결하는 방식이 'ERRC 문제해결'이다. 이것을 작성하는 방법을 실제 사례를 들어 설명한다.

기업이나 조직에서는 매일 수없이 많은 회의가 진행된다. 이 중에는 정말로 필요한 것도 있지만, 때로는 굳이 회의를 하지 않아도 되는 경우도 많다. 그래서 경영진에서는 현재 사내에서 진행되는 회의의 종류와 빈도 등을 분석하여 개선 방안을 찾고자 태스크포스팀을 구성하여 임무를 주었다. 그래서 팀 리더는 팀원들과 함께 첫 번째 워크숍을 진행하기로 하고, 팀원들을 한자리에 모았다. 주어진 과제는 사내에서 진행되는 회의들의 종류와 목적, 성격 등을 분석하여 분류하는 것이었다. 리더는 팀원들에게 각자가 경험한 회의를 유형별로 구분하여 아이디어를 발표하도록 했다. 팀원들 각자가 포스트잇에 적어서 낸 의견들을 모두 모아서, 비슷한 것끼리 분류하고 중복되지 않도록 정리한 결과 다음과 같은 내용으로 나타났다.

유형1 – 정보 전달 및 공유를 위한 회의

유형2 – 업무 분담이나 진척 사항을 확인하고 관리하는 회의

유형3 – 업무 이해 관계를 조정하고 중재하는 회의

유형4 – 의견 청취 및 수렴을 위한 간담회

유형5 – 우선순위 결정이나 의사결정을 위한 회의

유형6 – 현재 나타나고 있는 문제해결을 위한 아이디어 회의

유형7 – 회사나 리더가 정한 전략이나 수행과제에 직원들을 Alignment 시키
　　　　는 회의

유형8 – 미래의 새로운 사업기획이나 전략개발을 위한 아이디어 회의

　　모두 8가지 유형의 회의가 진행되고 있었고, 이들 유형을 회의를 통해 얻을 수 있는 가치를 기준으로 구분했다. 이때 구분하는 기준을 ERRC로 정했다. 따라서 8가지 유형을 제거할 회의, 축소할 회의, 증가시킬 회의, 추가할 회의로 분류했고 다음과 같은 결론을 얻었다.

Eliminate(제거)	Create(추가)
유형1 정보 전달 및 공유를 위한 회의 유형2 업무 분담이나 진척 사항을 확인하고 관리하는 회의	유형7 회사나 리더가 정한 전략이나 수행과제에 직원들을 Alignment 시키는 회의 유형8 미래의 새로운 사업기획이나 전략개발을 위한 아이디어 회의
유형3 업무 이해 관계를 조정하고 중재하는 회의 유형4 의견 청취 및 수렴을 위한 간담회	유형5 우선순위 결정이나 의사결정을 위한 회의 유형6 현재 나타나고 있는 문제 해결을 위한 아이디어 회의
Reduce(감소)	Raise(증가)

회의의 ERRC 매트릭스

결론적으로 유형 1과 2는 불필요하고 시간만 낭비하여 굳이 진행하지 않고, 사내 게시판 등에 공지하는 것으로 충분하다는 판단 아래 이런 회의는 사내에서 더 이상 진행하지 않고 없애기로 했다. 유형 3과 4는 직원들이 협업을 하는 데 있어 서로 간의 역할과 책임을 이해하고 적절한 업무 분장을 위해 의견을 나눌 필요가 있으며, 직원들의 의견과 아이디어를 듣고 업무에 반영하는 것은 업무 생산성에 어느 정도 도움이 되므로 없애기보다는 축소하는 쪽으로 방향을 잡았다. 유형 5와 6은 업무나 프로젝트 진행에 매우 중요한 것을 결정하고 문제해결에 필요한 다양한 아이디어를 수렴하는 것이고 회사 발전에 매우 중요하므로, 더 자주 개최하는 것으로 정했다. 마지막으로 유형 7과 8은 지금까지는 거의 진행되지 못했지만, 회사가 추구하는 전략과 직원들의 업무를 정렬할 필요가 대두되었고, 향후 새로운 비즈니스 기회를 만드는 것은 매우 중요하므로, 이런 회의를 추가하기로 결정했다.

ERRC 방법은 해결안이나 아이디어를 분류할 때, 누구든지 쉽게 이해하고 적용할 수 있는 매우 직관적이고 효과적인 방법이다. 왜냐하면 대부분의 문제해결이나 의사결정은 할지 말지를 결정하는데, ERRC는 여기에 더하여 감소하거나 확대하거나 또는 추가하는 방안에 대해서도 선택할 수 있기 때문이다.

3

6단계
– 결과 점검

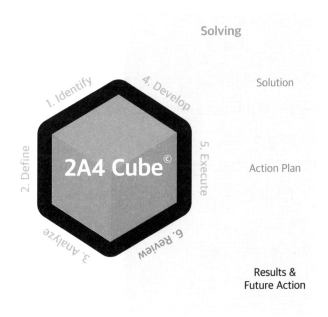

Solving

Solution

1. Identify   4. Develop

2. Define   **2A4 Cube**©   5. Execute

3. Analyze   6. Review

Action Plan

Results &
Future Action

3장 실현되지 않은 계획은 무의미하다

| 스스로 피드백을 얻기 위한 5가지 질문 |

실행 계획을 수립하여 일정 기간 동안 실행한 후에는 결과에 대해 분석하고 거기서 나온 교훈이나 인사이트를 활용하여 향후 계획을 세우는 과정이 필요하다. 이것을 팔로우업*Follow-up*이라 부른다. 팔로우업에서는 크게 네 가지를 진행하는데, 실행 사항에 대한 정기적인 점검, 주관 팀에게 추진 사항의 보고, 주관 팀의 프로젝트 사후 관리 그리고 성과에 따라 공정한 평가와 적절한 보상을 한다. 2A4 문제해결 6단계 중에서 가장 마지막인 리뷰 다섯 가지 질문에 대해 답을 찾고 점검하는 과정을 거치게 된다.

6단계 Review에서 사용하는 질문은 다음과 같다.

1) 목표 대비 결과를 Metric(측정지표)로 비교했는가?

2) 실행 전과 후의 비교를 수치화했는가?

3) 표준화와 시스템화를 고려했는가?

4) 실행 결과 효과적이라 판단되는 방법론이나 프로세스를 전 사나 다른 부서와 공유했는가?

5) 자료를 DB화하고 관리하는가?

부록

언택트 시대에 필요한
문제해결의 기술

| '비대면=비효율'이라는 편견 |

코로나 바이러스 사태로 사회와 사람들은 지금까지 전혀 경험해 보지 못했던 쓰나미 소용돌이에 빠져서 허우적거리고 있다. 이것이 빠른 시간 내에 해결될 것이라는 기대감도 없이 전 인류에게 확산되고 있어 심리적 공포와 멘탈의 붕괴까지 오는 상황을 맞이했다. 이것은 최근 몇 년간 사회, 기술, 기업, 직장, 직업, 일하는 방식 등 다양한 영역을 휩쓸고 있는 4차산업혁명이 가져온 변화보다 훨씬 큰 천지개벽과 같은 것이다.

사람 간의 접촉으로 전염되는 바이러스를 막기 위해서 직장, 건물, 상점, 병원들을 폐쇄하고 구성원들에게 재택근무를 강제하여 비대면 원격으로 일하도록 하고 있다. 그래서 기존에 사무실에 모여서 진행하던 회의, 프로젝트, 협업 등을 화상으로 진행하는 실정이다. 최근에는 오프라인 컨퍼런스나 행사도 모두 취소되고 이것을 온라인 컨퍼런스로 진행하여 사람들은 각자의 집에서 온라인 화상으로 참여하는 새로운 경험을 하고 있다. 과거에도 해외의 바이어나 직원들과 원격 화상회의(컨퍼런스콜이라고 부름)를 진행해 왔지만, 이것은 업무를 추진하기 위한 주요 활동이 아니고 간혹 필요한 경우에만 사용하던 보조 수단이었다.

하지만 지금과 같은 상황에서는 대부분의 업무나 활동이 원격의 화상회의나 온라인 협업으로 진행될 수밖에 없다. 기존에는 비대면 화상회의나 온라인 협업을 확산하기 위해서 직원들을 교육하고 이것에 필요한 장비를 도입하면서 외근이 많은 직원들을 대상으로 사무실의 고정된 자리를 없애거나 최소한만 준비하여 공유하는 것을 추진해 왔지만, 사무실에 출근하여 일하는 기존 방식에 익숙한 직원들의 반발로 무산되거나 축소되는 상황이었다.

그런데 정부나 지자체에서 재택근무를 강제적으로 명령하면서 전체 직원이나 소속원들이 일시에 재택근무를 시작했고, 원격 화상회의나 온라인 협업을 경험해야 하는 상황에 놓였고, 새로운 업무나 일하는 방식에 빠르게 적응하도록 요구받고 있다.

이런 상황에서 재택근무를 하는 사람들은 개인에 따라 크게 찬성과 반대 그리고 중립의 입장으로 갈라졌다. 물론 반대 입장인 사람들도 있지만 아마도 코로나 사태가 진정되어도 원격근무나 온라인 협업은 대세로 굳어져 이렇게 일을 해야 할 것이다.

이번 사태는 지금 우리 사회와 사람들에게 이런 메시지를 던지며 도전하고 있다. "그동안 관행화되고 상식으로 생각했던 오프라인의 사무실 근무 방식과 교실 교육 방식이 최선이었던가?" 코로나19 사태 이전까지는 몇몇의 혁신가들이 변화의 필요성을 주장했지만, 모든 것을 일시에 바꾸는 것은 불가능했다. 가장 큰 장벽은 기득권 세력에 의한 강한 저항으로 누구도 썩은 환부를 도려내는 수술은 감히 시도조차 하지 못하고 포기한 상태였다.

"이 또한 지나가리라."라는 말처럼 지금 상황도 언젠가는 정상으로 돌아갈 것이다. 그때가 되더라도 지금 온 인류가 다 같이 새롭게 경험하고 있는 다양한 불편들을 새로운 관점과 패러다임으로 더 진지하게 분석하고 판단해야 한다. 시대 변화에 부합되는 더 최적화된 근무와 교육 시스템과 방식에 대해 신중히 선택해야 할 것이다.

4차산업혁명이 가져오고 있는 급속한 변화와 함께 우리들의 생각과 태도 그리고 방식도 혁신되어야 한다. 일하는 방식 외에도 직원들의 근무 성적을 평가하는 방식이나 직원들의 교육 시스템, 근무 방식 등에서도 대대적인 변화가 수반될 것이다. 이전과는 다른 새로운 세상이 도래할 것이다. 역사적으로 세상을 변화시킨 건 인간과 기술이 아니고 페스트, 천연두, 코로나19와 같은 강력한 세균이었다. 다양한 변화가 예상되는 가운데, 필자는 먼저 원격으로 화상회의나 온라인으로 협업하며 일하는 방식에 대해 다루고자 한다.

| 오프라인 회의와 온라인 회의의 차이점 |

두 가지 회의 방식의 차이점은 어떤 게 있을까? 이들의 차이점을 정확히 이해해야 각각에 적합한 방식으로 진행하여 원하는 결과와 효과를 얻을 수 있다.

사무실에서 진행하는 오프라인 회의는 그림과 같이 큰 테이블과 의자, 화이트보드가 구비된 폐쇄된 회의실이 필요하다. 경우에 따라 빔프로젝터와 스크린을 사용한다. 참가자들은 각자의 업무 수첩이나 메모장을 지참하여 회의 내용을 기록하고 요약한다. 모든 참가자들이 테이블을 중앙에 두고 마주 보기 때문에

얼굴 표정이나 보디랭귀지를 통해서 원활하고 정확한 소통을 할 수 있다. 리더는 회의를 리드하고 참가자들이 의견과 아이디어 도출을 촉진하도록 적정 수준의 스킬을 갖고 있어야 한다. 원활한 진행을 위해서 주제와 관련된 참고 자료를 미리 공유하고, 회의 시간표와 어젠다를 미리 준비하면 된다.

온라인 화상미팅

비대면 온라인 화상으로 진행하는 회의는 그림과 같이 각자의 집이나 독립된 공간에 컴퓨터와 모니터(듀얼 모니터가 있으면 효과적이다), 카메라와 마이크, 스피커 등의 장비가 필수적이다. 경우에 따라서 모바일이나 태블릿을 사용할 수 있지만, 화면의 제한으로 참가자들의 얼굴 표정이나 공유된 회의 자료를 보는데 불편이 있어 추천하지 않는다. 또한 컴퓨터에는 온라인으로 화상회의를 할 수 있는 소프트웨어가 설치되어 있거나 클라우드로 접속되어 있어야 한다. 구글 행아웃이나 줌ZOOM, 스카이프 등이 있는데, 이 중에서 줌이 가장 많은 사람들이 사용하는 도구다.

리더는 회의를 리드하고 참가자들이 의견과 아이디어 도출을 촉진하도록 적정 수준의 스킬을 갖고 있어야 하는데, 오프라인보다 온라인 영상 회의가 참여를 유도하고 진행하는 데 더 어렵고 제한이 많으므로 더 높은 수준의 스킬이 요구된다. 원활한 진행을 위해서 주제와 관련된 참고 자료를 미리 공유하고, 회의 시간표와 어젠다를 미리 준비하면 된다. 지금까지 설명한 두 가지 회의 방식의 차이점을 다음의 표로 정리했다.

회의 방식	오프라인 미팅	온라인 화상미팅
하드웨어 & 하드 스킬	- 물리적 공간 필요 - 화이트 보드, 포스트잇 - 업무용 수첩	- 컴퓨터, 듀얼 모니터 - 카메라, 마이크 - 가상공간(ZOOM)
소프트 스킬	- 오프라인 퍼실리테이션 스킬 - 바디랭귀지, 얼굴 표정 활용	- 온라인 퍼실리테이션 - 바디랭귀지, 얼굴 표정 활용 불가능
회의용 도구	- 회의 시간표 & 어젠다	- 회의 시간표 & 어젠다 - 구글 독스(엑셀 양식) 공유하면서 진행

오프라인 미팅과 온라인 화상미팅의 장단점

| 코로나19 이후 더욱 중요해진 리더의 역할 |

오프라인 회의라고 해서 문제가 있고 단점만 있는 건 아니다. 두 가지 방식은 각각 장점과 단점을 갖고 있다. 오프라인 회의의 장점은 모든 참가자들이 적극적으로 참여하는 경우라면, 열기와 긍정적 에너지를 몸으로 느낄 수 있어 성공적인 회의가 가능하고, 참가자들 간에 빠르고 정확한 소통을 할 수 있으며, 다른 참가자와의 인간적인 교류나 유대감이 증진된다.

단점으로는 회의실 환경과 분위기에 영향을 많이 받고, 프리라이더와 빅마우스가 필수적으로 나타나고 리더의 입장에서 이들을 제어하고 관리하는 게 어렵다. 또한 리더의 성향에 따라 리더가 혼자서만 말하고 회의를 독점하거나 주도하기 쉬운 문제가 있다. 특히 직급이나 경력이 많은 사람 위주의 회의가 되기 쉬우며, 여러 부서나 팀이 동시에 회의를 하는 경우라면 물리적인 공간의 확보가 어렵다. 마지막으로 회의 내용을 각자 메모하고 기록하므로 오류가 발생하고, 서기를 정해서 회의록을 작성한다고 해도 기록된 내용의 정확성에 한계가 있다.

온라인 화상회의의 장점으로는 물리적인 회의실 공간이 없어도 되고, 모두가 같은 시간에 한자리에 모이지 않고, 각자가 있는 곳에서 원격으로 회의가 가능하다. 또한 각자 혼자만 있는 공간에서 참여하고, 다른 사람들의 간섭이나 방해 없이 화면만 응시하므로 집중력이 증가하고, 동시에 참가자들 간에 회의와 무관한 잡담이 사라진다.

　단점으로는 참가자들 간에 근거리에서의 감정 교류가 없으므로 연대감과 소속감이 낮고, 직접 대면할 수 없어 리더가 원활하게 진행하기 어렵고, 참가자들의 참여를 독려하기에도 제한적이다. 오프라인 회의에서 가능한 난상토론도 어렵고, 리더의 역량에 따라 회의 결과물의 변동이 심하다. 또한 결론을 내리지 못하고 종료되는 경우가 오프라인보다 더 많이 발생하고 화상 회의용 장비나 통신 상태의 영향을 많이 받는다. 각각의 장단점을 다음의 표로 정리했다.

	오프라인 미팅	온라인 화상미팅
장점	- 모든 참가자들이 적극적으로 참여하는 경우라면, 열기와 긍정적 에너지를 몸으로 느낄 수 있어, 성공적인 회의가 가능 - 참가자들 간에 빠르고 정확한 소통이 가능 - 다른 참가자와의 인간적인 교류나 유대감이 증진된다.	- 물리적인 회의 공간이 없어도 된다. - 모두가 같은 시간에 한자리에 모이지 않고, 각자가 있는 곳에서 원격으로 회의가 가능 - 혼자만 있는 공간에서 참여하므로, 다른 사람들의 간섭이나 방해 없이 화면만 응시하므로 회의 집중력이 증가 - 참가자들 간에 회의와 무관한 잡담이 사라진다.
단점	- 회의실 환경과 분위기에 영향을 많이 받는다. - 프리라이더와 빅마우스가 나타나고, 이들을 제어하고 관리하는 게 어렵다. - 회의 리더의 성향에 따라 혼자서만 말하고 주도하기 쉽다. - 직급이나 경력이 많은 사람 위주의 회의가 되기 쉽다. - 물리적인 공간인 회의실 확보가 어렵다. - 회의 내용을 각자 메모하고 기록하므로 오류가 발생하고, 회의록을 작성해도 기록한 내용의 정확성에 한계가 있다.	- 참가자들 간에 근거리에서의 감정 교류가 없으므로 연대감과 소속감이 낮다. - 리더가 원활한 회의를 진해하기 어렵고, 참가자들의 참여를 독려하기도 제한적이다. - 오프라인에서 가능한 난상토론이 어렵다. - 리더의 퍼실리테이션 역량에 따라 회의 결과의 변동이 심하다. - 결론을 내리지 못하고 종료되는 경우가 오프라인 회의보다 더 많이 발생한다. - 화상 회의용 장비나 통신 상태의 영향을 많이 받는다.

오프라인 미팅과 온라인 화상미팅의 장단점

문제해결을 위해서 열리는 회의가 오프라인이냐 온라인이냐는 그리 중요한 것이 아니다. 어느 경우든 미팅에 참여하는 리더와 팀원들이 문제해결을 위한 적극적이고 주도적인 마음의 자세를 갖고 문제해결에 필요한 스킬이나 역량을 얼마나 가졌느냐가 더욱 중요하다. 지금까지 이 책에서 다루고 설명한 문제해결 방법과 스킬을 잘 익혀서 개인이나 조직의 문제해결에 시의적절하게 사용한다면 분명 좋은 결과를 얻을 것이다. 문제해결을 더 이상 외면하거나 피하지 말고, 적극적으로 다루고 승리하기를 바란다.

심플 퀘스천

초판 1쇄 발행 2021년 1월 22일

지 은 이   심재우
펴 낸 이   김동하

편   집   양현경
마 케 팅   이인애·김현지

펴 낸 곳   부커
출판신고   2015년 1월 14일 제2016-000120호
주   소   (03955) 서울시 마포구 방울내로7길 8 반석빌딩 5층
문   의   (070) 7853-8600
팩   스   (02) 6020-8601
이 메 일   books-garden1@naver.com
포 스 트   post.naver.com/books-garden1

ISBN 979-11-6416-077-8 (03320)